U0024826

事奉

對上帝和利潤的反思

Serving Two Masters?

Reflections on God and Profit

C. William Pollard
威廉·波拉德——著
林麗冠——譯

關於作者

威廉・波拉德（C. William Pollard）於 1977 年加入 ServiceMaster，曾兩度擔任執行長，第一次是從 1983 年到 1993 年，這時期的特點是業務結構和方向發生重大變化，包括公司消費事業群的導入和快速成長。1999 年 10 月，波拉德重返公司擔任執行長，任職十六個月，直到確定並選出接班人的過程結束為止。在他的領導下，ServiceMaster 被《財星》雜誌評為「財星五百大企業」中排名第一的服務業者，並被列入最受尊崇企業的名單。ServiceMaster 也獲得《華爾街日報》評為「未來之星」，並被英國《金融時報》評為世界上最受尊敬企業之一。波拉德是《企業的靈魂》（*The Soul of the Firm*）一書的作者，也為《商業倫理之心》（*The Heart of a Business Ethic*）一書撰稿。他也經常為雜誌和管理期刊撰稿。2004 年，他在巴黎聖母院獲頒「希歐多爾・馬丁・赫斯堡神父商業道德獎」（the Rev. Theodore M. Hesburgh Award for Business Ethics）。

目錄 Content

目錄 Content

本書獻給我結褵四十七載的妻子茱迪。

她一直是我的婚姻和生活伴侶，

在我的領導職務中支持我和彌補我的不足。

致　謝

像本書這樣的書籍很少是靠一個人獨立完成。感謝麥可．漢莫爾（Mike Hamel），他在幫助我組織、編纂、概述、撰寫和改寫這些省思上扮演重要角色。另外，要特別感謝我的助理珍．麥古菲（Jane McGuffey）孜孜不倦打字和重新繕打許多草稿，同時也要感謝克里斯．葛蘭特（Chris Grant）的建議和忠告。

所有這些反思都來自 1977 年至 2002 年這二十五年期間，在 ServiceMaster 董事會各次會議開始時提出的、關於上帝和利潤的信仰見解。感謝為這些見解做出貢獻的董事會成員和高階管理團隊成員，也感謝我的前任和導師肯．韓森（Ken Hansen）和肯．魏斯納（Ken Wessner），他們將本身信仰與工作結合起來的方式，成了我們所有人的榜樣。我也感謝合作夥伴和同事，他們是高階管理團隊的成員，我從他們身上學到很多關於上帝與利潤之間關係的心得教訓。

推薦序一

為 Bill Pollard [1]先生的書寫序是我莫大的榮幸。我和 Bill 認識有二十幾年了，我們既是合作無間的生意夥伴，也是志同道合的朋友，事實上他還是我人生路上的一位導師。

我們倆結緣於 1998 年初，那時我剛剛成為 ServiceMaster[2]公司的中國特許經營商。在這之前我是一名成功的商人，不過我的生意和 Bill 完全不同，我開發房地產，Bill 則經營後勤服務業，用他的話說：「你們的資產是看得見、摸得到的大樓，我們的資產是服務工人，而人的價值無法計量，它是無形的。」與 Bill 的合作改變了我對做生意的看法，可以說，我從接觸 ServiceMaster 和認識 Bill 以後，才真正開始學習和從事管理，Bill 也是我後來結識管理大師彼得 · 杜拉克的引薦人。

管理是關乎人的，而不僅是關於一盤成功的生意。人們都

---

1. 威廉 · 波拉德（C. William Pollard）是本書作者的全名。威廉（William）在英文中亦可簡稱為比爾（Bill），在這本書裡提到作者時，皆使用比爾 · 波拉德或比爾做稱呼。
2. ServiceMaster 是一家在美國提供住宅與商業服務的公司，並在紐約證券交易所（NYSE）上市，股票代號為 SVM。ServiceMaster 的公司名稱具有雙重意義，既是「服務大師」，亦是「為主服務」。

知道績效是評估一家企業管理得好壞的唯一標準，又普遍認為績效可以用經濟或者財務數據來衡量。但是 SevicesMaster 定義自己的績效是從一個與眾不同的使命出發的，這個使命在 Bill 的書中有清晰和詳細的闡述。ServiceMaster 提出的問題是：「一家企業在為客戶提供有用的產品和服務，為股東賺取利潤的同時，是否有責任和有能力做到，成為一個讓個人在其中得到全面發展，在能力和品格兩方面都得到提升的道德社區？」在 Bill 的書中你可以看到，ServiceMaster 怎樣用自己的實踐對這個問題做出肯定的回答。作為一名參與其中的人，我也親身經歷和見證了這一激動人心的過程。

這個過程是從重新審視服務性工作開始的。ServiceMaster 面對的是人們日常生活中離不開，但是瑣碎、枯燥、辛苦，甚至令人厭惡的後勤服務類工作，從事這類工作的，又自然而然是那些教育程度不高、缺乏專業技能，在求職上沒有多少選擇餘地的人群。即使在美國這樣的現代文明社會裡，公眾仍然普遍輕視他們和他們的工作。ServiceMaster 重新開發了這類工作的流程，為完成這些流程設計、配備了專門的工具和裝備，並且對工作者進行了系統的培訓，其結果不但極大地提高了工作成效，更重要的是讓工作者——那些平凡的服務工人——搖身變成有技能的專業人員，並對自己的職業產生成就感和自豪感。正像書中提到的，ServiceMaster 也因此取得了出色的經濟績效，不論是營業額、利潤回報還是市值，在美國乃至全球的同行中都是數一數二的。儘管如此，如果與當今那些賺大錢、市值動輒幾千億美金的高科技龍頭企業相比，ServiceMaster 在財務方面的成就仍然是微不足道的，但是它的重要性或者說價值並不在此。ServiceMaster 對這個世界的獨特貢獻是，它在美國和全球範圍內，創造出千千萬萬個有尊嚴的工作機會，不僅滿足了普通服務工人的家庭生計，而且幫助他們贏得體面的社會身分和地位。從更廣和深遠的社會角度看，大批這樣的工薪族勢必成為一個國家和社會穩定的中堅力量，而不至於再如歷史上曾經出現過的現象，淪為失落、不滿和破壞性的群體，從而導致階級分化和階級鬥爭的發生。

杜拉克曾經指出，每個人在生命中都會面對三種最基本、最重要的關係：他與上帝的關係（關於這一點我想補充，如果他沒有特定的宗教信仰，或者可以理解為他與自己的良知之間的關係）；他與家庭的關係；以及他與工作的關係。工作是一種帶來改變的力量，它不僅改變人的物質生存條件，同時也改變工作者本身，影響到他會成為什麼樣的人，以及改變他身處的社會。Bill 和他的同事們用自己的管理實踐驗證了杜拉克這一真知灼見，工作在 ServiceMaster 那裡，成為我們這個世界裡一股正面和積極的力量。

在 Bill 的書中有一個可能引起爭議的問題，那就是他堅定不移的基督信仰。對上帝的信仰不但寫進了 ServiceMaster 的使命宣言，也成為 Bill 分辨是非和做出決策的指引，聖經中耶穌為門徒洗腳的故事更成為 ServiceMaster 提倡僕人式領導的依據。對此我想說，無論你是一位在基督教徒眼中的「異教徒」，還是一位無神論者，事實上你都不可能沒有自己為人處事的信念。倒過來說，只要你有自己的信念，並真的去實行它，你就會對 Bill 同樣的努力產生同情。和 Bill 交往和共事，你無法不被他發自肺腑的真誠和無可質疑的正直感動。Bill 是一個坐言起行的人，僕人式領導於他而言可不是說說而已的。我後來致力於推廣杜拉克的博雅管理學說，在中國建立了杜拉克管理學院（Petate F. Drucker Academy），在美國也創辦了一所小小的管理研究生學院（California Institute of Advanced Management），並為此設立了專門的基金會，Bill 是這些機構中最活躍的董事、顧問和最熱心慷慨的義工。有一次杜拉克管理學院的幾位高管在美國進行一連串的業務訪問活動，因為要訪問的機構都是 Bill 熟悉的，他自告奮勇承擔了全部活動的組織安排和後勤服務工作，從協調各方的日程、預訂酒店、購買機票直到親自為我們跨州駕駛上千英哩。身為一位七十多歲而且並非健康的老人家，去作行政祕書兼司機的角色，在旅程結束時，他已經疲勞不堪。同行的人員都深受感動，畢竟他曾經是擔任《財星》五百大企業的主席和 CEO 的人物！當我們返程在機場向他告別和致謝，提及這一點的時候，Bill 的回答毫不令我意外：「應該感謝的是我，我是來貢獻的，你們做的是重要和有意義的事情，是你們給了我這樣一個寶貴的服務機會。」

儘管我不是基督徒，我還是非常欣賞 ServiceMaster 的使命：「在所做的一切事上榮耀主，幫助人們發展，追求卓越，實現獲利性成長。」在我把 ServiceMaster 的業務引進中國的時候，這四句話也被用來作為我們中國公司的使命宣言。只是，為了讓大多數沒有基督信仰的中國人容易理解和接受，我把其中的第一句話更改為「在所做的一切事上遵循真理的指引」，這一更改也得到了 Bill 的同意。我向他解釋了我的理由：遵循真理的指引就是認同有一個高於人類的絕對的道德權威，並且順服祂，這和聖經中耶穌基督所說的「我就是道路、真理和生命」是一脈相通的。不過，Bill 後來一直嘗試施加影響，想讓我信奉基督教。有一次在飛機上，他熱情洋溢，不厭其煩地不斷跟我「講耶穌」，終於我忍不住說了一句事後回想起來有些唐突的話：「請不要老是這樣 push 我！」Bill 愣了一下，輕輕地拍了一下我的手膊，然後收了聲。在這以後，除非我就基督信仰的話題向他討教，他再也沒有主動發起過這方面的談話。不久前我從我的助理那裡得知，Bill 私下裡遺憾地對他說：「邵先生可說是我最好的朋友了，如果他不信基督，將來不能進入天堂，我們在另一個世界裡，就再也無法相見了。」

我不知道是不是不作基督徒就真的無法升入天堂？我也不

確定在餘生會不會有某一天，我會擁有基督信仰？不過我知道，我和 Bill 一樣，期待即使到了另一個世界，我們仍然能夠像在這個世界裡一樣，成為肝膽相照的朋友。

邵明路　2020 年 8 月 2 日

彼得・杜拉克（彼得・德魯克）品牌在台灣和中國大陸的使用權特許人

推薦序二

我們每天都面臨選擇，有些選擇具有挑戰性和困難度，迫使我們考慮哪些可能的結果會帶來最正面或最負面的後果。在沒有明顯的正確答案時，我們達成結論的方式，將取決於我們懷抱的價值觀，亦即做決定所根據的基本真理或動力。我認為，我在 ServiceMaster 董事會服務的二十多年，最能夠闡明以價值觀為基礎的決策。

ServiceMaster 是一家極為成功且備受尊敬的公司，為客戶提供優質服務，並為股東提供絕佳的財務報酬，我加入該公司董事會，很高興能成為其一分子。我聽過他們傳奇的「企業目標」，我個人相信這些目標，但我想知道如何在競爭激烈的市場中持續應用它們。

- 在所做的一切事上榮耀主
- 幫助人們發展
- 追求卓越
- 實現獲利性成長

我參加的第一次董事會會議以及之後的每次會議，都是由省思時間揭開序幕。我們會思考，將「企業目標」應用於董事會要解決的問題，應該以什麼為根據，以及對它的了解程度如何。我很快意識到，將這類崇高的原則視為每項業務決策的基礎，是實際可行的，因為我同時看到它們的應用和成功的結果。經歷多年的重大業務和組織變革，企業目標仍然固定不變，成為在不斷變動環境中的一個堡壘。

在我擔任董事的大部分期間，比爾是執行長、董事長或兼而有之。與比爾共事時，我看到他面對事奉上帝和服務市場之間經常存在的緊張關係。他面對上帝、公司、家庭、朋友和社群加諸我們身上的責任和義務孰輕孰重的挑戰，而且他和董事會必須做出的決定，不一定明顯對或錯。我很欣賞比爾，他的其中一項特質是，他能夠先選擇他的主，然後以一貫的標準做其他選擇和決定其他優先考量，這是我們有些人至今仍很難做到的。

比爾的首要優先考量是事奉上帝，然而，若有任何員工認為這個優先考量將導致他不會嚴格要求達成當季目標，他們就要為這樣想自擔風險。比爾不會在事奉上帝的原則上讓步，但他同時也是股東最好的管家。這點不容易做到，卻包含在比爾和董事會考慮的每項重大決定中。

我們如何平衡個人根本信仰和公司決策？公司最終對誰負責？公司如果不是由個人組成的團體，那是什麼？我們如何充分協助這些人為股東做出明智的決定？在思考這些問題的答案時，我們仰仗的是 ServiceMaster 的企業目標。

組織如何在掌握這些目標的同時，又能服務股東並吸引各種人才投效？對比爾和 ServiceMaster 的員工來說，這些目標不是選項，也不會互相排斥。它們全都是必需的。ServiceMaster 是一個真實的實驗室，嘗試在一家上市營利企業中，將信仰和工作進行整合。

身為董事會獨立成員，我能夠同時向比爾這位傑出人士提出挑戰並向他學習。我看到他作為企業高階主管和個人的成長，希望他的經驗能提供努力工作的人所需要的一些平衡和反思，以消弭做事衝動。

與董事會分享的那些反思，涉及指導原則、勸誡、警告和鼓勵等重要的管理方式議題，並且為隨後的議程定調。在《事奉兩個主？》中，比爾提出許多這類反思，供你在生活和事業上面臨原則相互衝突時認真思索。我們可能偏好別人直接提供答案，但比爾提供對事情的洞察、鼓舞人心的故事、成功和失敗的例子，然後以一些你可能考慮的**思考要點**和**問題**，為每個想法下結論。不過，他在每次反思中的訊息都很清楚。「誰是你的主人？」我們每天處理生活的挑戰和機遇時，這是個至關重要的問題。

赫伯特．赫斯（Herbert P. Hess）

北美管理公司（North American Management Corporation）總裁兼執行長

作者序

商業公司的目的和功能是什麼？它在創造利潤和服務客戶，同時作為協助人格發展的道德社群方面，能有出色的表現嗎？這些組成公司並被期許每天創造成果的人是誰？他們在為公司工作時變成什麼樣的人？公司如何尊重和回應他們個別的潛力特點及他們永生（immortality）的本質？上帝之道適用於經營企業嗎？領導者如何擔任僕人，而非只是上司？

這些是我二十八年前首次加入 ServiceMaster 擔任高級副總裁和董事會成員時，遇到的一些問題和議題，公司找我面試時都有討論。這也是當我走馬上任並與我們的服務人員一起工作時，剛開始接受的訓練，我第一次參加董事會會議，一開始的省思和討論也包含這部分。

我很快就得知，探究這些問題的性質以及其他與人類尊嚴和價值相關的議題，是 ServiceMaster 文化的一部分，它持續提醒領導者有責任和義務發展壯大公司的員工。

進入 ServiceMaster 之前，我從事法律工作已十年，並在惠頓學院（Wheaton College）擔任副校長和教授。雖然這兩項職涯經驗都具有挑戰性和意義，而且包含領導責任，但我對共事者的想法比較集中於「在他們工作上從事哪些事情」，而非「他們會成為什麼樣的人」。儘管我是有信仰的人，但我比較會考慮自己或是與教友如何在週日一起實踐基督徒信仰，而非思考如何將個人信仰與工作結合。但在 ServiceMaster 情況不同，實踐信仰是從董事會高層開始，並成為公司管理的主要部分。

董事會發展出來的做法是，每次會議開始，便進行與 ServiceMaster 四個公司目標的意義和應用相關的思考或反思：**在所做的一切事上榮耀主**、**幫助人們發展**、**追求卓越**，**並實現獲利性成長**。為了在執行這些目標的做法上能包容和接納不同信仰和理念的員工，董事會必須了解如何將之在不同業務的情況下加以應用，以及應用時可能陷入的緊繃狀態。

現今，ServiceMaster 的董事會成員並非全都系出同門。他們是因為本身的能力和商業頭腦，以及經驗、種族、性別和信仰的多樣性而獲推選。有些人是或曾是上市公司的執行長或資深營運長，有些人則是或曾是投資銀行家或顧問、會計專業人士、商業銀行家、房地產或保險業高階主管、創業家，以及教育、醫療保健和政府領導者，包括商學院研究所所長、醫療保健系統的執行長、上議院議員、前州長和法官。雖然背景不盡相同，但他們都有一個共通點——致力於了解和實現我們的四個目標。

通常，反思是由公司的董事長或執行長提供，但有時候其他董事或高階主管也參加會議。本書匯集這些反思——從 1977

年到2002年的二十五年——在此期間公司快速成長，提供的服務組合和服務的顧客類型經歷了重大變化。我們成長擴充到服務逾一千萬名客戶，包括醫院、學校和私人屋主。我們以ServiceMaster、TruGreen、ChemLawn、Terminix、Merry Maids、American Home Shield和American Residential Services等主要品牌名稱行銷市場。公司也擴充地理範圍，納入四十五個國家的企業，並從上市公司改為有限合夥公司，然後在十一年後，重新轉變成為上市公司形式。在這期間，公司以其在服務業界的領導地位，獲《財星》（*Fortune*）肯定為千大企業中的「寶石」、《華爾街日報》（*Wall Street Journal*）的「頭號明星」（Star #1），並獲《金融時報》（*Financial Times*）評為世上最受尊敬的公司之一。

這段時期，我有幸擔任ServiceMaster的資深主管、執行長和董事長。雖然我在《企業的靈魂》一書中討論並研究過許多與實施公司四個目標相關的管理原則，但撰寫本書的目的是為讀者提供見解，好讓讀者知道，這些原則背後的思想和理念如何在董事會層面發展，並在公司做出重大決定時納入考量。

本書涵蓋的大多數反思是我提出的，但並非我所獨創。這些省思的內容反映了我從公司同事、以及對我有影響力的外部顧問和導師那裡學到的東西。彼得・杜拉克（Peter Drucker）是顧問中的一位，他在我的商務生活中扮演特殊角色。他將管理學當作人文教育（或稱博雅教育，liberal arts）向我介紹，並要求我把焦點放在公司作為人類成就、成長和實現的工具，並且思考人類靈性本質的神聖性。

應用這些公司目標時，必定帶來緊張關係，或許用耶穌的話最能夠加以概述，祂說：「一個人不能事奉兩個主；不是惡這個、愛那個，就是重這個、輕那個。你們不能又事奉神，又事奉瑪門（財利）。」（馬太福音六章 24 節）

本書的書名是《事奉兩個主？》，我們尋求榮耀主並實現獲利性成長，而這是我們在 ServiceMaster 嘗試要做的事嗎？上帝和利潤之間有什麼共通處？這個問題的答案，是否與服事者和被服事者有關？我們可以不詢問人們是誰以及來自何處，就了解他們嗎？我們可以不詢問是否有超越人類法律的權威或決定這類標準的理由，就知道哪種企業經營方式是正確或錯誤的嗎？我們可以不詢問我們最終要對誰負責、這個最終擁有者是誰，就了解以董事身分擔任受託者所代表的意義嗎？如果我們欠缺必要的資源或工具來完成任務，這樣工作能夠有效率嗎？了解生活的**目的**和**手段**之間的差異，是否有助於我們回答這些問題？人們如何同時事奉上帝和賺錢，並以符合耶穌所教導的方式做到這點？當你閱讀接下來的篇章時，你會更了解我們如何回答這些問題。

讀者可以從頭到尾閱讀本書，或是一次閱讀一篇，不一定要按照順序，也可以按照主題來看。當你在商業生活中遇到議題或問題時，本書可以作為一項持續性的參考或指南。我希望每一章結尾的**思考要點**和**問題**可以幫助你反思，並在你試著將個人基本信仰與工作連結時，針對你面臨的重要決定找到答案和方向。

上帝和利潤有什麼共通點？

我們在 ServiceMaster 所做的一切既為了榮耀上帝，也為了實現獲利性成長。這兩個目標是否相容？能結合嗎？應該結合嗎？我們公司的日常營運和績效證實它們確實相容且能結合。但是對許多人來說，我們仍然代表一種異數，違背了「將神聖與世俗分開」的規範。

當為另一項年度會議做準備時，我們再次收到股東針對這兩個目標發出的信件和疑問。有些人對年度報告中使用「上帝語言」表示擔憂。當我們試著結合上帝和利潤時，他們認為我們的立足點不穩固，有些人則覺得，「為了追求利潤而提供服務也能算是上帝的工作」是一種令人難以置信的想法。

另一方面，有些股東希望公司更直言不諱，宣告耶穌基督的福音屬於「在所做的一切事上榮耀主」。他們提醒我們，沒有人可以事奉兩個主（即上帝和利潤），並且指出，我們實現獲利性成長的目標，可能侵犯我們的首要目標——也就是榮耀主。

我們尋求，將榮耀主視為**目的**（end）目標，並認清實現獲利性成長是**手段**（means）目標。這兩者都很重要。對我們來說，上帝和利潤之間的共同連結是「人」，人全都是按照上帝的形象創造的，是上帝所愛的世界的一部分，對這項事業的運作不可或缺。

參照點

我們不會將第一個目標當作排他的基礎。事實上，這個目標正是我們促進多元化的理由，因為我們明白，形形色色的人是上帝形象的總合。第一個目標也提供了一個參照點，讓我們努力做對的事並避免犯錯。它不能保證我們每次都會做對事情；我們也會犯錯。但由於有明確的標準和採用該標準的理由，我們通常無法掩蓋自己的錯誤——這些錯誤會被公開以便修正，或有時候公開是為了取得諒解。

我們的目標不是純粹為了要獲得財務成功而擬定的。這些目標雖不能像某些數學公式那樣套用，但確實會提供一個共同基礎，從這個基礎面對生活的困難和失敗，並確保起點永遠不會變動。目標使我們反覆思考自己是什麼樣的人、為何工作，以及這一切的目的和意義是什麼。

雖然我們生活在形形色色的多元世界裡，但我們認為工作環境不需要被貶抑為一個沒有信仰的中立地帶。「上帝存在並活躍著」，這種想法並非只是過去的某種遺風，也並非像史蒂夫·卡特（Stephen Carter）在其著作《懷疑的文化》（*The Culture of Disbelief*）中所說的，如同建造模型飛機，只是另一種嗜好，是安靜和私密、瑣碎的事情，而非真正適合有智慧、熱心公益的成年人從事的活動。

身為商業公司，我們想要出色地為股東產生利潤和創造價值。如果我們不想遵守這些遊戲規則，就不應該參與賽局。但我們也相信商業公司有另一個目的，它應該是一個協助塑造員工性格和行為的道德社群，應該是一個開放的環境，在這個環境中，關於上帝是誰、我們是誰，以及如何使個人信仰與工作產生關聯等問題，是值得討論、辯論，甚至是學習和理解的議題。員工是每天來上班的「全人」（whole people），而且隨時抱持自己的信仰。

杜拉克對管理的經典定義是：「透過他人完成對的事情。」但我們在 ServiceMaster 的建議是，領導者和管理者不能僅止於此。我們也必須關切員工在流程中會碰到什麼事情。為公司製造利潤和完成使命的，是擁有關懷和關切、情緒和感情、信仰和信念的人們。身為公司的靈魂，他們可以帶來貢獻或減損，也可以帶來激勵或阻礙，這就是為什麼公司領導者必須參與我所謂的「心靈操練」（soulcraft）。

心靈操練

密西根大學商學院教授諾爾·提區（Noel Tichy）所著的商業類暢銷書《領導引擎》（*The Leadership Engine*），提及在每個層級培養領導者的企業，ServiceMaster 是其中之一。最初，他因為我們公司的目標而擔心我們是不是個適當的範例。他寫道：

對許多不了解 ServiceMaster 員工的人來說，「在所做的一切事上榮耀主」這個價值設定令人不安。在我們拜訪該公司之前，我的一位同事表示，他們的宗教傾向可能使他們不適合當作較「正規」組織的榜樣。但事實是……當你了解 ServiceMaster 的員工，你會很快發現，他們並沒有虛無縹緲、超脫世俗的痕跡。他們是認真的商界人士，堅定地聚焦於致勝。利潤對他們來說是上帝的世界裡供人使用和投資的一種手段（means），而不是被崇拜的目的（end）。利潤是決定他們的共同努力是否具有成效的一種標準。

提區接著寫道：

ServiceMaster 已經做到對本身價值觀的堅持……因為從上到下的每個人都努力在日常生活中實現這些價值觀。他們的二十一條領導原則其中有一條指出：如果你不實踐原則，就是不相信原則。而且他們是當真的。服務工作一路普及到公司最高層，無論他們的職等變得多高，每人每年至少要花一天進行第一線服務工作。

當我們持續透過和提區這位客觀第三方的報導一致的方式執行目標時，我們可以自信地向股東表示，上帝和利潤**確實**合而為一，它們是經營成功事業的一部分。當我們聚焦於把榮耀主當作目的目標，並且把實現獲利性成長當作手段目標時，我們不是事奉兩個主，而且我們仍然注意耶穌的勸誡：「人若賺得全世界，賠上自己的生命，有什麼益處呢？」

思考要點

- 我們尋求將榮耀主視為**目的**目標，並認清實現獲利性成長是**手段**目標。兩者都很重要。對我們來說，上帝和利潤之間的共同連結是人，人全都是按照上帝的形象創造的。
- 商業公司應該是一個開放的環境，在這個環境中，關於上帝是誰、我們是誰，以及如何使個人信仰與工作產生關聯等問題，是值得討論、辯論，甚至是學習和理解的議題。

- 管理是「透過他人完成對的事情」，但我們的建議是，領導者和管理者不能僅止於此——我們也必須關切員工在流程中會碰到什麼事情。

問題

- 你的企業宗旨說明中包含哪些重要的人物或道德價值觀？利潤是你業務的「目的」目標還是「手段」目標？
- 身為經理或領導者，你以什麼實際方式尋求培養你領導的員工？
- 如果提區等商業專家花了一些時間研究貴公司，對貴公司的既定目標如何與日常實務保持一致，他會怎麼說？他會建議你改進哪些地方？

持續親自參與業務

報社記者有時會將 ServiceMaster 稱為「拖把和水桶男孩」（mop and bucket boys）。清潔地板、牆壁和各個角落，一直是我們公司業務的一部分。事實上，我們用於清潔地板和牆壁的方法，是哈佛商學院講授的一項個案研究重點。

雖然我們現在是一家價值數十億美元的多元化服務公司，但這個行業的領導者和員工仍持續將雙手放進水桶中，親自參與業務，這是很重要的事。

親自參與一線工作

1977 年我加入 ServiceMaster 擔任資深副總裁時，第一次了解到這種需求。我工作的前八週並未在辦公室度過，而是跟著一線服務人員實地工作。這段期間，我不僅學習到公司服務系統和任務的基本知識，而且當我體會為那些最終將由我管理和領導的員工設身處地著想是什麼感覺時，我也學習到僕人式領導（servant leadership）的重要一課。我在執行服務他人的日常任務時，經歷各種情緒，我對於自己有更進一步的了解，並且對於工作的工具、任務和管理如何增進或減損我對尊嚴、自我價值和成就的領會，也有更深的認識。

在我受訓最初幾天發生的一件事，仍清晰地提醒我，一般人是如何看待從事例行作業的人。當時我正在某家醫院一個繁忙的走廊上工作，剛放好「小心地滑」的標誌，準備開始拖地。人們來來往往，突然有位女士停下腳步問道：「你不是波拉德嗎？」我回答是。她表明自己是我內人的遠親，然後她看著我和我的拖把搖搖頭。「你不是律師嗎？」她問道，好像在說：「你不能找一份比較好的工作嗎？」我停頓了一下，低頭看著我的水桶說：「不，我有一份新工作。」這時有幾個人聚集在周圍。她變得尷尬不已，靠近我低聲說：「家裡一切都好嗎？」

工作經常定義他人對我們的看法。它會影響我們將變成什麼人的過程，不論是正面還是負面。無論企業規模有多大，領導者絕不應忘記或讓自己過於遠離這一事實真相。

這就是為什麼耶穌在世上選擇與所謂的稅吏和罪人——即收稅人員、妓女、乞丐和其他社會棄兒——互動並行走其間。透過這樣做，祂為祂的門徒定義了事實，提醒他們，祂來到世上的目的不是要創立另一個宗教或政治王國，而是為所有願意承認需要上帝寬恕和接納的人提供一種救贖方式（約翰福音三章 16~17 節）。

我們擁有龐大和日益成長的業務，我們經常將本身的業務定義為開發和留住客戶，但正如杜拉克提醒我們的，將業務定義為「員工的訓練和發展」可能會更準確。沒有員工就無法提供服務，而沒有受過訓練和得到激勵的員工，就無法提供優質服務。

隨著業務成長，我們持續增加管理層級。目前在公司裡，高階主管團隊和基層員工之間有七個管理層級，有時甚至有八個。如同杜拉克提醒我們的，管理層級就像繼電器開關，每多一層，噪音就會增加，而電力會減弱。杜拉克最近針對我們年報所發表的文章中指出，服務業的兩大挑戰是服務工作的生產力和服務工作者的尊嚴。他相信這兩者是緊密結合的，而且確實只能一併解決。他的結論是：「ServiceMaster 為員工的工作提供了目的和最終目標，因此產生了以往欠缺的基本要素，也就是尊嚴。」

尊嚴感

成功或成就的標準往往不能為從事日常服務工作的人提供榮譽的肯定，但服務人員是服務業的核心，他們是這一行中最重要的人。我們尋求將服務人員當作「全人」——而非僅是一雙手——來給予尊嚴和尊重。尊嚴不是源自一個特定的行為，而是源自工作場所、家庭和社區的許多經驗；尊嚴也不應該只根據頭銜或物質財富的積累來衡量。相反地，我們認為尊嚴的根本來源來自一項認識：每個人都是按照上帝的形象所創造，並且可以在努力為別人服務時達到成長和發展。我們作為一家企業所面臨的挑戰，是透過生產力創造尊嚴和收入。當我們這樣做時，我們會在所做的一切事上榮耀主、幫助人們發展、追求卓越，並實現獲利性成長。

作為董事會，我們是最終為此結果負責的人，並透過這項事業的領導者和管理者來履行此項職責。

為了確認這種情況是否正在發生，企業領導者和管理者必須持續參與業務，定期介入直接面對顧客的第一線工作。我們尋求以許多方式做到這點，包括要求營運經理擔任第一線服務人員實際從事工作，作為其基礎訓練的一部分，以便能夠感受服務人員的情緒，並更進一步了解如何激勵和支持這些員工。基於相同因素，ServiceMaster 的每位員工，無論職位高低，每年至少要花一天時間在第一線工作，向客戶提供公司的某一項服務，我們稱之為「我們服務日」（We Serve Day）。全公司每個人都有服務顧客的機會，包括新進招募的人員、高階主管以及資深人員。

我們也期望高階營運主管和執行長將大部分時間花在員工和客戶所在現場。對我而言，這包括 70%以上的時間離開辦公室，待在營運現場。這些方法能夠克服前述管理階層中的那種噪音和電力減弱。藉著持續親自參與，我們能讓企業使命和目的在執行和效能上的實際情況更為明確。

思考要點

- 工作經常定義其他人對我們的看法。它會影響「我們將成為什麼人」的過程，不論這作用是正面還是負面。
- 沒有員工就無法提供服務，而沒有受過訓練和得到激勵的員工，就無法提供優質服務。
- 管理層級就像繼電器開關，每多一層，噪音就會增加，而電力會減弱。
- 尊嚴的根本來源來自一項認識：每個人都是按照上帝的形象所創造，並且可以在努力為別人服務時達到成長和發展。

問題

- 貴公司的執行長和第一線員工之間存在多少管理層級？如何能夠將噪音增加和電力減弱的情況降到最低？
- 你或公司領導者有多少時間離開辦公室，走到營運現場與員工和顧客在一起？
- 貴公司如何為實現這個目標的人提供「榮譽的肯定」？
- 你的工作會如何影響你將成為的那種人？

你有未雨綢繆嗎？

「規畫」一直是我們公司的強項之一，經常被列為我們持續成長的原因。目前的長期規畫流程稱為「二十年內的ServiceMaster」（ServiceMaster in Twenty Years, SMIXX），我們才剛完成第一階段。我們超過了最初的五年營業收入目標 10 億美元，現在正進入到 1990 年為止的第二個五年期規畫流程。

我們設定初始目標時，針對「如何達成目標」擬定了一項計畫。但隨著市場和機會發生變化，我們會對計畫進行修改、調整和補充，但從未忽略最終目標。

關於明天，唯一可以確定的是它將與今天不同。規畫不能為未來提供確定性，但確實能提供明確的目標來設定路線和方向。公司員工在參與規畫的流程中，會為未來不可避免的變動做準備。當他們看到目標或目的中某個有意義的理由時，就能將規畫流程變成強大的組織力量，並藉此來達到所想要的結果。

未來的不確定性

耶穌在教導門徒為未來的不確定性做好準備時，講述了一個富裕農夫的故事。這個農夫因為耕作順利，穀倉爆滿到再也無法容納豐收的作物。他對自己和對未來充滿信心，選擇了一個就他而言很簡單的解決方案——他準備拆掉舊穀倉，建造更大的穀倉，這樣就可以容納許多作物供未來幾年使用。他藉著裝滿穀倉來確保他的未來。

但上帝稱這個農夫是傻瓜，因為他不知道的是，死神就在他家門口。對他來說，明天永遠不會到來。他的計畫除了滿足自我之外，別無其他目的。《雅各書》告訴我們不要誇耀自己的智慧或對未來的計畫，而要仰賴上帝並尋求祂的旨意。《箴言》也告訴我們：「人心多有計謀；惟有耶和華的籌算才能立定。」（箴言十九章 21 節）。那麼，我們業務規畫的最終目的是什麼？當我們就營收和利潤成長設定未來目標時，是否符合我們「在所做的一切事情上榮耀主」的目標？我們如何知道上帝對未來道路的安排？

首先，我們的規畫重點不是預測未來。正如杜拉克提醒我們的，嘗試和預測未來毫無意義，但確認已經發生並能夠影響未來的趨勢，是有可能的。從某種人類意義來說，未來已經發生，而我們運用上帝賦予的智慧確認這一未來，並做好準備。

因此，在研究與本身業務相關的現行趨勢時，我們發現有愈來愈多的雙薪家庭、人口平均年齡增加、房屋自有率持續提高。對我們而言，這意味著機會，因為人們會比較沒有時間或能力去進行住家所需要的維修和照顧。我們可以建立我們的核心服務能力，提供家庭服務組合，以滿足這種日益殷切的需求。這種成長機會將支持我們的目標，亦即在五年內使規模增加一倍。

當我們朝這個新方向前進時，應該知道成長的跑道可能會更長，起飛會比預期中更困難。我們也應該注意到，當我們強調這個成長機會時，股市尚未回應我們的樂觀情緒，我們公司的股價持續低於兩年前的高點。

計畫的目的

如果我們對未來的計畫與上帝之道一致，計畫的重點將不僅是我們即將要做的事情、是否以 20 億美元的金額或是某種其他具體目標來定義。相反地，它將是關於「我們是誰」以及「我們在這個過程中會變成什麼」。這個新的成長機會將如何促進員工的發展？身為不斷擴展和重要的市場工具，當我們期許自己能供上帝使用，在員工為他人服務和貢獻之際，也能影響他們的生活，我們計畫的目的和意義就在其中。

我們的業務發展提供員工能夠成長的機會，讓上帝能夠在員工的生活中實現祂的目的。我們身為領導者的角色是提供環境，讓員工能成為上帝希望他們成為的那種人。我們不以自己的優點和智慧誇耀，但尋求在自己所做的事上榮耀主。我們持續這樣做，便可在工作中找到意義和滿足。當我們面臨挑戰和變動時，可以在我們的工作和生活中看到上帝的手，當然，我們會經歷一些錯誤和失敗，而那些錯誤和失敗將是未來的一部分。

正如前白宮助理和監獄團契（Prison Fellowship）創始人查克・科爾森（Chuck Colson）在今年年度報告《我哥哥的守護者》（*My Brother's Keeper*）裡的短文中提醒我們的，我們發現生活中的上帝之道，不一定是在成功之時，有時也會出現在失敗之時。

我們應遵守智慧的所羅門王提出的結論，否則我們的辛勞和努力、甚至我們的計畫和準備，都將毫無意義，這個結論就是：「敬畏神，謹守祂的誡命，這是人所當盡的本分。」（傳道書十二章 13 節）

明天我們的穀倉有空間嗎？有，但前提是，我們要認清自己只是穀倉及裡面所有東西的管理者，而上帝才是所有者，祂預期的回報將不是以金錢來衡量，而是以人們生活的改變來衡量。

思考要點

- 嘗試和預測未來毫無意義，但確認已經發生並能夠影響未來的趨勢，是有可能做到的。我們運用上帝賦予的智慧確認未來，並做好準備。從某種人類意義來說，未來已經發生了。
- 我們的業務發展提供員工成長的機會，讓上帝能夠在員工的生活中實現祂的目的。我們身為領導者的角色是提供環境，讓員工能成為上帝希望他們成為的那種人。
- 上帝是所有者，祂預期的回報將不是以金錢來衡量，而是以人們生活的改變來衡量。

問題

- 你在規劃未來方面的目標是什麼？是過程還是達成目標比較重要？
- 你對本身的業務擁有長期計畫嗎？你未來五年的成長目標是什麼？
- 你可以指出目前有哪些趨勢會影響公司的未來？你打算

如何利用這些趨勢？

- 你的未來計畫將如何影響員工的成長和發展？你要採取什麼行動來創造和培養員工能以發揮潛力的環境？

Chapter 4 公平薪資是什麼？

最近，我獲邀到眾議院某個委員會，就美國勞動力未來相關議題作證。我的證詞集中於商業公司在培養、訓練和教育員工，以及提供道德社群以幫助塑造員工人格和行為等方面的重要性和角色上。我在證詞中指出，我們在 ServiceMaster 的經驗顯示，工作場所已逐漸成為教育訓練、工作大學和繼續教育的場所，以協助員工跟上資訊和知識的變動及爆炸性成長速度。我們上學並接受數年教育，然後餘生都在工作——曾經做過的這種區別，如今已不再重要，學校和工作之間的界線逐漸變得模糊。

雖然有些委員對我提出的議題非常感興趣，但他們從其他人那裡聽到的證詞，大多是政府在保護員工權利、提高薪資和限制高階主管薪資過高等方面扮演的角色。薪資一向是個熱門話題，但政府加強參與和控管不一定會讓這個話題降溫。執行長的薪資和最低薪資之間的比較，也不會讓人更了解公平問題。

公平薪資

聖經提醒我們，雇主有義務支付合理的薪資，而貪婪的求財者和愛財者從來都嫌錢不夠多。貪財是萬惡之根，且可能帶來許多愁苦（提摩太前書六章 10 節）。

我們作為董事會的職責之一，是實施監督和治理，以確保這家公司向所有員工支付公平薪資，而不是對少數人支付過高的薪資。公平薪資是什麼？怎樣算薪資過高？這兩個問題存在於每個組織的管理中，並且兩者都容易受到相同原則的影響。

媒體經常傳達的訊息是：雇主應該支付足夠維持基本生活的薪資，而肥貓主管可以任意訂定本身薪資的上限。但足夠維持基本生活的薪資是多少？薪資計畫的公平性可以根據員工的需求、家庭責任或支出習慣決定嗎？任何這類計畫中的變異都會產生非常不公平的結果。薪資水準應該與員工的貢獻價值相關。

的確，政府有必要訂定一個任意的最低標準，亦即最低工資，從而對雇主的權力和談判立場設下某種限制。但如果將最低標準設為高於市價，會有意想不到的後果，包括就業機會可能轉移到其他地方——到任何設有最低工資的政府所無法觸及之處。工作變得愈來愈可轉移，可以外包到遙遠的地方。薪資受供需市場力量的影響，包括全球市場力量。

判斷公平性，是根據某種平等標準，或花在特定工作上的時間長短？工作各有不同，人們可以用不同方式做相同的工作。不管花多少時間，工作價值或工作績效也可能不同，這是耶穌在《馬太福音》第二十章葡萄園工人寓言中提出的要點。

就某些工作而言，公平性可能需要一個以結果及其價值為基礎的可變因素，這是在高階主管薪資計畫中採用股票選擇權的原因之一。但現在股票選擇權通常被視為促成高階主管薪資過高或不合理的主要因素，股票選擇權最初的目的可能是使高階主管薪資與股東的利益保持一致，但它並不含與持有股票相同的風險。選擇權沒有下跌空間，只具有最大槓桿效益的上漲潛力。絕大多數情況下，它們會激勵短期利潤最大化和短期價值相應飆升，但不會帶來可持續的長期價值。高階主管薪資計畫中的變異性是有必要的，但不易監督或管理。

如果有可變因素存在，衡量標準應該根據有利於公司所有人的結果。如果把股票所有權當作支付薪資的方式，它應該要承擔股東所受的風險和利益。

要考慮的原則

今天在 ServiceMaster，我們負責直接或間接管理超過 20 萬人的薪資計畫。我們是否支付公平薪資？我們是否允許貪婪和自利影響高階主管薪資？我們在監督和管理這些薪資計畫的方法上有榮耀主嗎？讓我總結一下我們過去遵循的一些原則：

- 整體薪資應該反映公司成果的公平分配。
- 薪資應該以績效為基礎，晉升應該以潛力為基礎。
- 負責公司利潤的人應該分享利潤；製造更多利潤的人應該分享到更多利潤。
- 公司領導者應該讓自己的薪資中一部分面臨風險（與公司利潤連動），並將未達成目標的容忍範圍訂窄一點。
- 執行長的基本薪資，應該要在該行業同等職位的平均基本薪資範圍內。
- 所有員工都應該有機會擁有公司股票，公司領導者應該花錢購買和持有公司股票，將自己資產一大部分置於風險中。

多年來，這些原則對我們很有用。還有改進的空間嗎？有。例如，我們的激勵計畫使用的衡量標準應該與經濟附加價值更相關。我們需要重新設計一些福利計畫，使員工更方便和更有利。

我們需要重新檢視愈來愈常採用股票選擇權的情況，可能需要對它們的經濟價值要求收取某種形式的費用，以及規定選擇權一旦被行使後的股票持有期。我們需要審查長期激勵計畫以及退休和利潤分享計畫的效果。我們需要重新探討市場比較標準，這些都屬於依照市場力量來評估公平性所持續進行的流程。

決定公平薪資是一項永無止境的任務。我們的責任很清楚，這需要董事會及其薪資委員會持續和積極的監督。然而，當我們這樣做時，必須隨時記住：我們永遠無法依員工真正的價值支付酬勞。衡量人的價值不能只看一個人的薪資，我們必須提供機會讓人們在服務他人的工作中成長和發展。我們必須關心「全人」的需求，並培養他們的尊嚴和價值，因為他們與同事一起尋求創造道德社群，而且這個道德社群實際上有助於塑造人的性格。

正如杜拉克提醒我們的，人們工作是為了目標，而不僅僅是為了生活。人們在工作中尋找意義和重要性，當「企業宗旨」與「工作中有意義的目的」一致時，他們就能找到。薪資可以使人消極，但鮮少是**唯一的**激勵因素，一旦如此，再多的薪資也無法讓人滿足。

雖然公司文化層面比公平薪資更難以衡量，但那就是我們在 ServiceMaster 的一切，董事會應以相同的重視程度來審視它。我們的工作成果，不僅是根據我們創造的年度利潤、公司在紐約證券交易所的股價，或是公司薪資計畫的公平性來衡量。最終的衡量標準，將在員工生活發展和變化的故事中得到說明。

思考要點

- 薪資水準應該與員工貢獻的價值相關。
- 薪資受供需市場力量的影響。
- 整體薪資應該反映公司成果的公平分配。
- 薪資應該以績效為基礎，晉升應該以潛力為基礎。
- 負責公司利潤的人應該分享利潤，製造更多利潤的人應該分享到更多利潤。
- 公司領導者應該讓自己的薪資中一部分面臨風險（與公司利潤連動），並將未達成目標的容忍範圍訂窄一點。
- 我們永遠無法依員工真正的價值支付酬勞。
- 薪資可以使人消極，但鮮少是唯一的激勵因素。

問題

- 你在制定公平薪資計畫時會採用哪些原則？
- 執行長的薪資與員工平均薪資之間是否存在某種關係？如果是這樣，應該使用什麼標準來訂定級距？
- 如果人們工作是為了目標而非只為了生活，在你的事業和工作中，除了薪資之外，還有什麼激勵因素？

Chapter 5 當信仰相互衝突時，上帝在哪裡？

2001 年 9 月 11 日至今已經過了三個月。這一天並非只是另一個工作週的某一個星期二，而是歷史上決定性的時刻之一。它清楚提醒世人：有些人把仇恨、暴力和濫殺無辜合理化，成為上帝命定之聖戰的一部分。

這是我們在 ServiceMaster 所尋求的榮耀上帝嗎？我們的公司有空間包容基督徒對上帝的觀點和伊斯蘭對上帝的觀點嗎？那麼猶太教徒或沒有信仰的人呢？許多人會完全避開這個議題，下結論說：「在工作場所思考和談論上帝，太複雜了。」或是說：「讓我們繼續幹正事——服務客戶和賺錢。」

當然，我們在今天的會議中有許多的業務要處理。我們剛剛經歷高層領導者的人事變動，有一些決策還沒有完成，包括可能出售一個重要的業務單位；此外，因為 911 事件，有一些負面的經濟後果可能影響我們的業務；還有，我們也可能需要做一些額外的事情：我們剛剛接獲政府通知，我們已被選為五角大廈重建工程的承包商之一。

上帝的相關性

但是在我們繼續推進這個議程之前，我們需要思考上帝的問題，以及祂與我們在生活中所做一切事情（包括經營這項事業）的相關性。我們的企業目標——在所做的一切事上榮耀主、幫助人們發展、追求卓越，以及實現獲利性成長——持續要求我們以領導者的身分提出艱難的問題，並尋求正確的答案。

那麼，恐怖分子祈求的真主，與我們在 ServiceMaster 所尋求的榮耀上帝，是同一位神嗎？

對我而言，聖經是關於上帝的知識和理解來源。《創世紀》告訴我們，上帝創造了天地，然後按照祂的形象創造了男人和女人。隨後，我們讀到上帝祝福亞伯拉罕，並承諾他將成為多國的父。

《詩篇》三十四篇提醒我們：「你們要嘗嘗主恩的滋味，便知道祂是美善；投靠祂的人有福了。」在《約翰福音》中，我們被告知上帝愛世人，甚至將祂的獨生子賜給世人，叫一切信祂的不至滅亡，反得永生。

以上敘述以及其他聖經經文都談到，上帝在創造世界、按照祂的形象塑造人們的本性，以及向人類賜福的積極角色。這些經文讓我們想起猶太人和阿拉伯人祖先亞伯拉罕所得到的祝福，也解釋了基督信仰的中心盼望——耶穌的生平及目的。

這個上帝並沒有死。祂安然無恙，而且繼續關心祂創造的人。

反恐戰爭不應該成為針對伊斯蘭教的戰爭。上帝不是一個被用來為任何一個信仰或宗教團體的行為辯護的人。問題不在於上帝站在哪一邊，而是誰站在上帝這邊。

亞伯拉罕・林肯（Abraham Lincoln）帶領美國經歷南北戰爭時，面臨同樣的困境；與美國歷史上任何其他戰爭相比，南北戰爭造成更多死傷。北方和南方的領導人不僅相信同一個上帝，而且都聲稱祂站在他們那一邊。

對上帝的信仰在林肯的一生中有著持續的影響力。那是他信念的來源，而他的信念是：上帝以尊嚴和價值、按照祂的形象塑造每個人。

一開始，林肯試著拯救聯邦並解決日益升高的衝突時，他的立場是遏制奴隸制度，而不是廢除奴隸制度。但是當戰爭隨著種種的不幸、痛苦和死亡逐漸發展，以及當他目睹向同一位上帝祈求勝利的雙方態度互相矛盾時，他得出結論：對他而言，真正的問題不是上帝是否站在他這邊，而是他是否站在上帝那一邊。

他的答案使他在戰爭進行到一半時發表《解放宣言》。奴隸制度是錯誤的，因為它與一項真理互相矛盾，那就是——每個人都是按照上帝的形象創造，並且應該有自由選擇自己的命運。但林肯也知道，雖然《解放宣言》的意圖和目的是正確的，但是在執行上並不周全。上帝始終是仁慈的，但尋求遵行上帝旨意的人不一定仁慈，且這兩者之間一向有落差。

因此，當戰爭即將結束時，林肯在他第二次就職演說中的訊息就是和解，而不是對勝利沾沾自喜：

> 對任何人不心懷惡意，對所有人心存寬厚。堅持正義，因為上帝讓我們看到正義，讓我們繼續奮鬥，完成我們正在進行的任務、包紮這個國家的傷口、照顧艱苦作戰的戰士和他們的遺孀遺孤……

以身作則

我們如何確保自己站在上帝這邊？這個問題沒有標準答案，但我相信我們能妥善地處理。不是仰賴神學定義，而是仰賴自己如何在對待他人方面起帶頭作用。我們需要以身作則並且提供服務，創造一個具有下列特質的環境：

- **尊重**每個人的尊嚴和價值。
- **幫助人們**成長，而不僅是協助他們正在做的**事情**。

- 將人**視為**在工作中能自主的人，而非在工作中被操控的人。
- **鼓勵**促成一個開放和關懷的社群，在這個社群中，可以提出和檢視有關上帝的提問，而人們可以自由選擇要如何回應問題。

這是整合我們的信仰主張與工作需求的挑戰，它是 ServiceMaster 的原則。對信任上帝者而言，上帝承諾會在我們心裡運行，使我們立志行事和成就祂的美意。我們的成果雖然不完美，但可以成為祂的成果。在服務他人時，我們能夠反映上帝的本質，當我們這樣做的時候，就是選擇站在祂那邊；而恐怖分子則是選擇了另一邊。

沒有上帝的恩助，我們不能做什麼；而沒有我們的同工，上帝也不會做什麼。

思考要點

- 上帝不是被用來為任何一個信仰或宗教團體的行為辯護的人。問題不在於上帝站在哪一邊，而是誰站在上帝這邊。
- 雖然不完美，但我們的工作可以成為祂的工作。在服務他人時，我們能夠反映上帝的本質，當我們這樣做的時候，就是選擇站在祂那邊。

- 沒有上帝的恩助，我們不能做什麼；而沒有我們的同工，上帝也不會做什麼。

問題

- 你從哪裡獲得對上帝的知識和了解？你有在自己的公司中提出有關上帝的問題嗎？
- 上帝在你生活中有扮演某種角色嗎？
- 列出你可以為具有下列特質的工作環境做出貢獻的方法：
  + 尊重每個人的尊嚴和價值。
  + 幫助人們成長，而不僅是協助他們正在做的事情。
  + 將人視為在工作中能自主的人，而非在工作中被操控的人。
  + 鼓勵促成一個開放和關懷的社群，在這個社群中，可以提出和檢視有關上帝的提問，而人們可以自由選擇要如何回應問題。
- 對你而言，「站在上帝那邊」意味著什麼？

Chapter 6 要大而全還是小而美？

在 1950 年代後期，ServiceMaster 只是一家營收不到 100 萬美元的小公司。馬里安・魏德（Marion Wade）和韓森，他們與客戶和員工關係密切。他們很喜歡這種熟悉業務的情況，但他們也看到了重大的成長機會。如果 ServiceMaster 要利用那些機會，就必須變得更強大，並需要更多的管理人才、更多的資本，以及達成目標的路線圖或長期計畫。他們的初步計畫是將服務擴及醫療保健市場，且促成公司決定上市。魏德當時對團隊的評論是：「我們現在穿著短褲，但總有一天我們會穿著長褲。」

在商業公司中，對立造成的緊張常會產生力量以及取得重大成果的決心，特別是當客戶愈來愈需要更有彈性和反應更迅速的解決方案時。

規模的成長可以為增加股東價值、規模經濟和更多投資資源帶來機會，但也會阻礙創新、扼殺快速回應，並增加管理層級，進而妨礙有效決策。企業規模較小的好處是，關鍵決策者更接近客戶，可以提供更快的回應，但在提供最可靠的客戶解決方案時，它們可能缺乏必要的資源。

成長模式

今年結束時，我們已經完成第二十年的 SMIXX 計畫週期「ServiceMaster 二十年」。這個長期規劃過程始於我們進入 80 年代的那十年，當時的營收是 4 億美元，營運收入為 2,700 萬美元。如今過了二十年，我們的客戶營收超過 70 億美元，營運收入超過 4 億美元。我們的業務不斷發展和改變。1980 年時，我們的主要業務包含醫療保健市場的管理服務，此外，為住宅和商業市場提供清潔服務的加盟業務也不斷成長。如今進入 2001 年，公司除了提供這些服務之外，也向超過 750 萬個屋主提供包括害蟲控制、草坪修整、景觀美化、女傭家管、水電維修和房屋保修契約等服務。我們擁有超過 8,000 個服務中心據點，每年進行超過 4,500 萬次到府服務。

在大企業從小處著眼

我們已然成為一家大公司。是的，長褲已經送到。我們公司從魏德和韓森種下的芥菜種子開始，已經長成一棵延展蔓生的樹。如同《以賽亞書》第五十四章中所說的，我們已經「擴張我們的帳幕之地，張大我們居所的幔子，不要限止」。但我們是否遵循上帝所建議的平衡，充分「放長我們的繩子，堅固我們的橛子」？

雖然過去一年營收再次增加，但這是二十多年來營業收益（operating income）首次低於前一年。在過去十八個月裡，我們已經出售或裁撤無利可圖或不符合核心市場和服務能力的業務部門。未來，我們可能需要出售其他不符合核心業務的單位。隨著我們繼續轉移成整合式營運公司，我們需要進一步加強基礎結構，或者，我們應該考慮轉換成偏向控股公司模式。這些針對未來的策略決定，現在已成為新執行長一次要解決的事情。

對公司過去二十年來的營運進行檢視，可以清楚看出成長週期之前的投資週期，以及基於投資人對我們所做投資是否具備信心反應在公司股價上的相應變化。我們目前處在投資週期中，投資界仍然持懷疑態度。

我們絕不能讓過去的成就助長傲慢，或安於成功的現狀。未來的道路將繼續要求我們認清自己身而為人的脆弱，和對上帝之道的仰賴。我們應該具備的心態與精神，是著重於「小」的重要性，明白「小」是未來成長的關鍵要素。正如《箴言》第六章中所指出的，有時我們應該效法螞蟻的智慧並思想牠們的做法

——螞蟻在夏天努力工作，為了過冬而儲存食物。對我們而言，現在正是為未來投資的時候。

志在服務而非長期屹立

所以答案不只在於大或小，而在於能否管理公司，以便將規模當作具體利益帶給客戶、員工和股東。這應該是我們的目標：每次一位客戶、一位員工和一位股東。

我們必須靈活應變、具備人情味、運用我們的資源和規模來維持承諾，並在客戶需要時提供服務。這意味我們必須讓提供服務的來源靠近客戶，並由分支機構或服務中心層級來為成果負責。同時，領導者絕不能離提供服務的單位太遠，而且必須用大部分時間推展行動。

我們不斷將公司的資源用來提供最佳解決方案時，客戶會繼續要求提供更多服務。我們將能在服務的每個市場中擴大市場占有率。這種地位不是要用來誇耀，而是一種需要持續努力以更為精進的、極為特殊的榮幸。

這樣做，我們不僅有機會變得更好，也有機會成為兼具美善和價值的公司。我們建立這家公司不是為了長期屹立，而是為了服務。「誰願為首，就必作眾人的僕人。」（馬可福音十章 43 節）

思考要點

- 在商業公司中，對立造成的緊張通常會產生力量以及取得重大成果的決心。
- 規模的成長可以為增加股東價值、規模經濟和更多投資資源帶來機會，但它同時也會阻礙創新、扼殺快速回應，並增加管理層級，進而妨礙有效決策。
- 我們絕不能讓過去的成就助長傲慢，或安於成功的現狀。
- 答案不只在於大或小，而在於能否管理公司，以將規模當作具體利益帶給客戶、員工和股東。
- 我們建立這家公司不是為了長期屹立，而是為了服務。

問題

- 在你的公司中，成長是一種選擇，還是一種要求？
- 你的公司成長將如何幫助或阻礙你的客戶、員工和所有者？
- 你想要保留和維護小型企業的哪些特質？
- 你所建立的企業，旨在長期屹立還是旨在服務？

名字裡有什麼？它具有價值嗎？

我們開會，是以 ServiceMaster 董事會成員的身分來進行的。那個名字裡有什麼？它代表什麼？名聲是很重要的。我們的身分通常不是只由我們的名字來代表。我們用名字向別人介紹自己，在許多情況下，我們的名字再加上我們的社會安全號碼，代表了我們是誰。聲譽和名字通常是聯繫在一起的，就像手和手套的關係。名字，是具有價值的。

名字不僅可以識別人員，也可以識別組織，並反映人們共同努力的聲譽和價值。

建立在績效上的聲譽

我們最近再度被《財星》（*Fortune*）雜誌評為美國最受尊敬的企業之一，我們在提供外包服務的公司中名列第一。這項評等所採用攸關聲譽的屬性是：創新、管理品質、員工才能、財務健全性、公司資產的運用、長期投資價值、社會責任，以及產品和服務品質。

在過去十五年間，我們有幸獲得許多類似的認可。1984 年，我們獲選《財星》五百大企業中首屈一指的服務公司；1989 年，我們重整為一家有限合夥企業，並將業務擴展，納入消費者服務事業群，之後再度於《財星》雜誌名列前茅，並被稱為同類企業中的「最耀眼明星」。該文章的作者指出，我們之所以在五年期間連續獲得兩次冠軍，可能與我們的名字有關，我們公司的名字同時意味著「服務大師」（masters of service）以及「為主人服務」（serving the Master）。

90 年代初，我們被《華爾街日報》認定為「未來之星」，幾年後，又獲得英國《金融時報》認可為世界上最受尊敬公司之一。

我們是否能繼續不負這些讚美所肯定的盛名？

魏德在五十多年前成立這家公司時，他的名字就是公司的名字，他的聲譽就是公司的聲譽。公司在 1947 年成立時，共有三位創辦人，即魏德、鮑伯．威格（Bob Wenger）和韓森，另外還有五名員工。那時公司的名字改為魏德、威格與聯合公司（Wade, Wenger and Associates）。1960 年，大家決定在名字中反映出公司的重心和特性，並加入「服務」和「主人」（ServiceMaster）字眼的組合。1962 年，公司首次公開上市，我們移除個人的名字，選擇 ServiceMaster 這個名字，藉以說明我們做了哪些事以及為什麼要這樣做。

多年來，我們獲得一些重大成功，也在追求達到公司標準時，遭遇一些挫敗。人可能成就偉業，也可能犯錯；有時會失敗，有時也會做錯事。我們目前擁有逾 20 萬名員工（包括直接僱用和由公司管理的人員），以及超過 800 萬名客戶，事實上，我們每天都在系統裡的某個地方經歷失敗。承認服務出現錯誤並快速解決，通常不會導致重大問題。其實，在某些情況下，這種做法反而會被客戶視為卓越的服務。然而，如果失敗是系統性的，或是反映出比個別失誤或錯誤更普遍的問題，並且持續發生，這種失敗就有可能削弱或甚至破壞我們的聲譽並損害我們的業務。

控制和管理審查能提供一些檢視和制衡，但在缺乏普遍的服務文化、也沒有尋求做對的事以及把事情做對的激勵力量下，任何控制和審查系統都無法提供董事會足夠的擔保，使我們達到公司名聲所傳達的標準。

我們持續奉行四個目標：在所做的一切事上榮耀主、幫助人們發展、追求卓越、實現獲利性成長，ServiceMaster 員工的言行奉行以上目標成了關鍵因素。在這方面，《財星》雜誌的評論是準確的，它指出，我們勝過他人的能力，可能與我們的目標和我們名字的意義有關。但這並不表示，人們應該藉由尋求榮耀主，來期待或促成財務成功和獲益。不能那樣解讀。雖然財務報酬很重要，但正如我們過去的業績所清楚反映的，財務報酬是一個**手段**目標，而不是**目的**目標。

一個要考慮的例子

我們尋求榮耀的上帝，我們比較在意的是，ServiceMaster員工在工作中和服務他人時變成怎樣的人，而不是他們的努力所累積的財務報酬。

我們個人的發展和成長要成為工作的一部分，並要服務他人，這種潛能的最佳例證是耶穌的一生。對基督徒來說，耶穌為所愛的世人付出的服務和犧牲，讓祂的名字獲得意義和敬重。

這點在使徒彼得和保羅勇敢無畏的陳述中已經說得很明白：

你們當以基督耶穌的心為心：祂本有神的形象，不以自己與神同等為強奪的；反倒虛己，取了奴僕的形象，成為人的樣式；既有人的樣子，就自己卑微，存心順服，以至於死，且死在十字架上。所以神將祂升為至高，又賜給祂那超乎萬名之上的名，叫一切在天上的、地上的和地底下的，因耶穌的名無不屈膝，無不口稱耶穌基督為主，使榮耀歸與父神。（腓立比書二章 5~11 節）

祂是你們匠人所棄的石頭，已成了房角的頭塊石頭。除祂

以外，別無拯救；因為在天下人間，沒有賜下別的名，我們可以靠著得救。（使徒行傳四章 11~12 節）

要讓某些人聽進去或接受這些話可能很難，但這些話代表基督信仰的核心。身為耶穌的追隨者，基督徒承受上帝之名，他或她的一生都被冠上祂的名字。

名字裡有什麼？我們的名字裡有什麼？我們的工作是否被烙上我們名字的意義和目的？我們這些 ServiceMaster 員工，在服務並為客戶帶來實際利益的工作中成為什麼樣的人？當我們在這個過程中成長和發展時，人們對我們的服務將會有倍增的需求。透過這樣做，我們將成為服務主人的服務大師，我們的工作將被烙上我們名字的目的和意義。

我們的名字裡有什麼？乃是豐富的遺產和過去的遺澤，以及未來的目的和方向。它既寶貴又脆弱，可以被運用或濫用，是公司的無形資產。雖然它不在我們的資產負債表上，但它的價值和運用上的管理，是公司領導者和董事會的重責大任。

思考要點

- 名字不僅可以識別人員，也可以識別組織，並反映人們共同努力的聲譽和價值。

- 承認服務出現錯誤並快速解決，通常不會導致重大問題。事實上，在某些情況下，這種做法反而會被客戶視為卓越的服務。
- 我們的名字裡有什麼？乃是豐富的遺產和過去的遺澤，以及未來的目的和方向。它既寶貴又脆弱，可以被運用或濫用，是公司的無形資產。

問題

- 貴公司名字的意義是什麼？它是否反映公司的目的或使命？貴公司的聲譽如何？
- 你認為貴公司在以下幾方面的評等如何——創新、管理品質、員工才能、財務穩健性、公司資產的使用、長期投資價值、社會責任、產品和服務的品質。
- 貴公司如何處理錯誤和失敗？工作環境如何影響你成為什麼樣的人？
- 你的工作是否被冠上你名字的目的和意義？或是被冠上你信仰對象的名字？

Chapter 8
領導力的重點不只是領導者

領導力是我們董事會需要考慮的最重要主題之一。我們的領導哲學，以及我們有能力找出並培養能反映公司領導作風的領導者，一直是我們公司成功的要素。接下來幾個會期，我們將開誠佈公討論有關這個重要主題的一些想法。

達到目的的手段

在最近出版的《領導引擎》中，提區描述他的發現：

持續贏得……世界級 ServiceMasters 名稱的公司，不只是在高層擁有一位或少數幾位強大領導者，而是擁有很多強大的領導者，這樣的人遍布組織各個層面。ServiceMaster 是一家低技術服務公司，在過去二十五年裡，每年都創造出 25%的世界級報酬率，因為它希望所有員工都能領導，並且在員工這樣做時跟隨他們。

ServiceMaster 的領導力是什麼？杜拉克提醒我們：「領導力是艱苦的工作。它關乎成果，而不只是努力。它可以是平凡、無意義和無聊的。它通常與所謂領導品質關係不大，與個人魅力甚至更不相關。領導力只是一種手段，要達成什麼目的才是關鍵。」

我們同意並且認識到，領導的最終結果與其說是有關領導者的頭銜、地位、職位或成就，不如說是有關追隨者的成就、他們被引導的方向，以及他們在這個流程中成為什麼樣的人。

這個領導原則在耶穌對門徒所說的話中反映出來，耶穌在洗完門徒的腳之後說：「我向你們所做的，你們明白嗎？你們稱呼我夫子，稱呼我主，你們說的不錯，我本來是。我是你們的主，你們的夫子，尚且洗你們的腳，你們也當彼此洗腳。我給你們作了榜樣，叫你們照著我向你們所做的去做。」（約翰福音十三章 12~15 節）

領導力的重點是：服務；己所不欲勿施於人；作個榜樣，讓跟隨者能繼起效尤；為結果承擔責任，讓被領導者獲益。

明智的建議

蘇格拉底說，人們在能夠為他人做出重大貢獻之前，必須先了解自己。他的建議是「認識自己」。我們公司中的有效領導包括了解我們的信念以及相信這些信念的原因。這全都與公司四個目標的意義和應用有關。

亞里斯多德告訴他的追隨者們，為了發展本身天賦和才能並將之用於有意義的目的，他們必須自律並且擁有生活方向。他的建議是「控制自己」。我們公司的領導力包括紀律、專注、知道自己的方向，以及為何其他人應該跟進。

暫時回頭談談耶穌。耶穌的訊息不僅是關乎了解自己或控制自己，也關乎奉獻自己和冒險將自己投資在別人身上。耶穌在替門徒洗腳時提醒他們，領導者並沒有比被領導的人優秀，即使是最卑微的任務也值得領導者去做。

我們在 ServiceMaster 仍然效仿耶穌兩千年前樹立的榜樣。為此，我們繼續提出問題，並尋求以下問題的答案。「可否請領導者起立？」領導者不是擁有頭銜或職位的人，而是榜樣；不是公司裡收入最高的人，而是承擔風險者；不是擁有最多津貼的人，而是僕人；不是推銷自己的人，而是推動他人的人；不是管理者，而是發起人；不是接受者，而是給予者；不是發言者，而是傾聽者。

公司員工需要、也想要高效的領導者，亦即能夠讓人信任、滋養心靈的領導者，以及能夠藉著培養明天的領導者而為未來做好準備的領導者。

思考要點

- 世界級 ServiceMasters 公司，不只是在高層擁有一位或少數幾位強大領導者，而是擁有很多強大的領導者，這樣的人遍布組織各個層面。
- 領導力是艱苦的工作。它關乎成果，而不只是努力。它可以是平凡的、無意義的和無聊的。它通常與所謂的領導品質關係不大，與個人魅力甚至更不相關。領導力只是一種手段——要達成什麼目的才是關鍵問題。
- 領導力的重點是：服務；己所不欲勿施於人；作個榜樣，讓跟隨者能繼起效尤；為結果承擔責任，讓被領導者獲益。

問題

- 貴公司是否設有培養組織各層面領導者的訓練計畫？
- 身為領導者，你要以哪些實際方式來證明你願意做你所要求別人做的一切？
- 公司應該如何根據所承受的風險、事奉、主動性、付出和傾聽等標準來肯定和獎勵領導者？

Chapter 9
從基層了解業務

耶穌的一生有很多故事，我最喜歡的一則故事是祂路經撒瑪利亞，在那裡的雅各井（Jacob's Well）旁遇見撒瑪利亞婦人。那時是正午，耶穌又累又渴。祂和祂的門徒整個上午一直在走路，從猶大走到祂的家鄉加利利。大多數猶太人都會繞更長的路，以避免與撒瑪利亞人接觸，因為撒瑪利亞人是混血種、是被鄙視的，祖先來自令人憎恨的敵人亞述人。然而，耶穌決定要經過撒瑪利亞，以便有機會與撒瑪利亞人碰面並互動。

祂開始與這女人談話，向她要一杯水喝。在交談討論時，耶穌分享祂生命和事奉的目的。祂解釋自己如何能給她活水，使她再也不會口渴，那是能提供永生的水。撒瑪利亞婦人相信並帶她的朋友去聽耶穌講道，結果許多其他的撒瑪利亞人也相信了。

耶穌的盼望和救恩的信息不僅適用於猶太人，也適用於撒瑪利亞人，最終也適用於全世界。這次旅行，祂開始接觸傳統猶太社區的邊緣，向門徒們證實祂的信息有更廣泛的聽眾，即使是被鄙視的撒瑪利亞人也可以接受。

這個故事說明了一個很關鍵、但很少被討論的領導原則——在邊際之處了解你的業務。

從邊際處著手

務必要從邊際處知道和了解我們的業務——從我們的服務接觸客戶之處；從我們招聘和訓練人員的邊際處；從最接近客戶的利潤中心邊際處；從新業務或服務項目利潤的邊際處。這些是我們業務的一些邊際處，行動就是在這裡發生，邊際就是我經常稱為策略攔截點（intercept point）的東西。

身在董事會，你對業務的實際了解是有限的。我們進行客戶訪問，有時客戶已向你做了簡報；我們也讓你接觸業務領導者，以及在某些情況下接觸一線人員；我們鼓勵你們每個人成為公司的客戶，並體驗因為我們的服務而產生的快樂，以及有時會產生的問題。

但是在大多數情況下，你必須仰賴管理階層的報告。重要的是，這些報告不只是計算或提供財務沿革摘要，也應該提供衡量標準，讓你更清楚看到我們的業務邊際處發生什麼事，以及哪些事情是未來的指標。這類報告包括員工流動率、客戶流失率、生產力改進的衡量標準，以及邊際收入和邊際成本的分析。

但是在「從邊際處著手」沒有任何替代方法。這就是為什麼身為領導者我們必須繼續走出去，在策略攔截點接觸和了解我們的業務。

在工作場所

幾個星期前，我有了以下的經歷。我一直收到關於公司在激勵和訓練大型工業設施服務人員上遭遇困難的報告。為了更進一步了解問題，我決定花幾天時間在一家和我們簽訂清潔和維護合約的大型製造工廠裡匿名擔任服務人員。這個廠裡的員工主要是非洲裔美國人、西班牙裔以及亞洲裔。我是五十歲的白人男性，在裡面是少數族裔。

這次經歷使我更清楚了解我們面臨的一些問題，以及我們需要做出的一些改變：

- 在多元化訓練中——我們需要更進一步明白和接受差異所帶來的歸屬感。
- 支付薪資的方式——工人比較喜歡現金。他們都沒有銀行帳戶，往往會到貨幣兌換或支票兌現服務中心將薪資支票兌換成現金，而這樣會被收取過高的手續費。
- 導入變革——許多工人來自混亂的社區或家庭。工作環境是他們生活中最穩定、有條理和安全的部分。每當我們導入變革，它一開始會被視為威脅；被視為不該被接納的事情、被懷疑和不被信任的事情。

我在這個工廠的經歷幫助我更清楚公司員工每天提供服務時面臨的現實情況。它提醒我，公司必須如何在邊際處因應各種需求，而不只是因應我們坐在總部辦公室時認定的需求。

身為董事會成員，請你以客戶的角色持續讓自己接觸公司的服務。向我們提供反饋意見，並讓我們就公司邊際處發生的情況向你報告。正是在這些邊際之處，我們才能更進一步了解未來的機會和挑戰。

思考要點

- 務必要從邊際處知道和了解我們的業務——從我們的服務接觸客戶之處；從我們招聘和訓練人員的邊際處；從最接近客戶的利潤中心邊際處；從新業務或服務項目利潤的邊際處。
- 什麼方法都比不上在邊際處直接參與，這就是為什麼身為領導者我們必須走出去，繼續在策略攔截點接觸和了解我們的業務。

- 領導者必須因應邊際處的各種需求，而不只是因應我們坐在總部辦公室時認定的需求。

問題

- 成為貴公司的客戶是什麼感覺？你的董事會和管理團隊是否有這方面的個人經驗？
- 成為貴公司的基層員工是什麼感覺？你的董事會和管理團隊是否有這方面的個人經驗？
- 你如何定義業務的邊緣或邊際？你知道邊際處發生了什麼事嗎？

Chapter 10 領導力是探索，而不只是冒險

每年夏天我都會設定目標，要游過威斯康辛州避暑寓所旁邊的湖。這通常會花我大約一個小時，總有一位家人或朋友在一艘船上陪在旁邊，以防我可能無法成功泳渡。那是一場冒險。但如果我在沒有船備援的情況下出發，那將是一項探索，在尋求目標時，我知道從一開始我就別無選擇，只能完成它。

展望未來

領導者為設定目標提供方向和靈感，並負責執行達成那些目標的策略。有時候，任務可能看起來很巨大，失敗的風險也很大——例如，我們決定將公司轉變為合夥公司，並進行兩次重大收購，一切都是在三個月內完成。

我們在 1985 年設定一個目標，要在 1990 年時將公司規模增加一倍。我們知道，進入 1986 年時，公司核心業務的成長正在減緩，並且有機會將新服務擴展到住宅市場。擴張需要現金，我們的法律和稅務結構在產生自由現金流量方面效率不高。

如果我們要轉換為合夥形式並增加我們的自由現金流量，就必須在 12 月 31 日之前完成以獲得某些賦稅優惠。這意味著我們這家營收約 10 億美元的公司，必須以公司身分清算，以合夥公司的身分重新成立。我們必須確保美國證券交易委員會就我們的重組計畫進行審查，並核可這項由股東投票通過的計畫。我們正在做一些創新的事情，而這一切都必須在感恩節和聖誕節假期中進行。

與此同時，我們也獲得收購 Terminix 的機會。這項收購將在消費者服務市場中提供重大的新推動力。這是 ServiceMaster 的第一次大型收購，意味著我們將必須貸款逾 1.65 億美元。這也必須在年底之前完成。

當我們一決定在這兩方面推進，就又有機會收購一家讓我們能夠對教育機構提供食品管理服務的公司。此項收購也必須在年底前完成。

我們必須應付兩套律師事務所的作業，也必須解決許多會計和稅務問題；我們必須發展新的銀行業關係，以確保這些收購案的資金供應無虞；我們的一些機構投資人並不贊成轉向合夥形式，所以出脫手中持股；我們開始將股東會委託書送交股東批准時，公司股價應聲下跌。這使得在不明朗的情況中傳達信心和平靜的任務加重。此外，我們還有一家公司要經營，並且有另外一年的收益成長要完成。

回顧

在這壓力甚大的幾個月中，我感受到身為領導者的沉重負擔，要放棄？還是要尋找出路？回顧已經完成的事情，作為董事會和高級管理團隊，我們應該記住一些重要的領導教訓：

- 大膽思考，拓展視野，冒險讓你的福杯滿溢。
- 為推銷你的信念做好準備。好的構想不用自己推銷；唯有別人相信它們的價值，它們才可能付諸實施。
- 識別有能力、盡忠職守和能幹的團隊成員，並對他們委以重任。
- 不要容忍平庸之輩或害群之馬。
- 如果決定對整體而言是對的，就不要害怕冒險。
- 不要在黑暗中懷疑你在光明中看到的事物。
- 相信上帝並歸功於祂。

在壓力時期支撐領導者的力量是什麼？對我來說，支撐我的力量是對所愛的上帝抱持的信任和信心。我意識到，在高階管理團隊或董事會裡，並非每個人都承認工作場所中可以有上帝的存在，但我感覺到了，對我而言，這在完成任務上扮演某種角色。我設法遵循聖經真理，並且經歷了那些真理的實際：

你要專心仰賴耶和華，不可倚靠自己的聰明，在你一切所行的事上都要認定祂，祂必指引你的路。不要自以為有智慧。（箴言三章 5~7 節）

當將你的事交託耶和華，並倚靠祂，祂就必成全。祂要使你的公義如光發出，使你的公平明如正午。（詩篇三十七篇 5~6 節）

思考要點

- 領導者為設定目標提供方向和靈感，並負責實施達成目標的策略。
- 為推銷你的信念做好準備。好的構想不用自己推銷；唯有別人相信它們的價值，它們才可能付諸實施。
- 不要在黑暗中懷疑你在光明中看到的事物。

問題

- 透過壓力或領導風險，你學習到什麼經驗教訓？
- 你使用什麼標準來識別忠誠和有能力的團隊成員？
- 在緊張時期，支撐你的力量是什麼？

Chapter 11 選擇有正反兩面

每個人被創造出來時都帶有自由意志。我們在為善或作惡、做對或做錯之間做出選擇。我們可能會選擇去愛或去恨，領導者則會做選擇來引導或誤導。信實和忠誠是無法強制要求的選擇，員工可能會、也可能不會選擇完成指定的任務。我們做出選擇，後果隨之而至，而有時候選擇會導致失敗。

自由是美國生活方式的特徵，但自由並不是「為所欲為、不計傷害」的許可證。自由意味著負責任的選擇，既是責任也是權利。

對有信仰的人而言，我們認為自由意志是上帝賜予的禮物，上帝希望祂與我們的關係是憑藉自由意志的，而非強制性的。祂召喚我們去愛祂和跟隨祂，並給予我們接受或拒絕其召喚的選擇權。

歷史對比

歷史提供了許多例子，讓我們看見有些領導者利用政治制度或國家權力，對選擇的自由施加重重限制。在二十世紀，我們看到法西斯主義和共產主義的邪惡。

在蘇聯和東歐共產主義國家崩潰之前，我帶家人去東歐和西歐國家進行感謝自由之旅。我們看到了柏林圍牆，體驗了東柏林和西柏林之間的明顯差異。圍牆的一側是一個繁華的城市，擺滿商品的商店林立，街道上擠滿了汽車，人們可以選擇購物的地點和工作地點；在圍牆的另一邊，商店裡大多是空蕩蕩的，街上只有幾輛汽車，每個街區都派駐武裝的「和平衛隊」。

我們造訪了前納粹集中營達豪（Dachau）。營地的入口處，用大大的金屬字母寫著 Arbeit Macht Frei，意思是「工作讓人自由」。但在不到兩百碼的距離內，毒氣室和火葬場成了那些不能夠再工作的人的終點。那些選擇為非作歹的人在這裡撲滅了生存的自由。

許多人為了戰勝這種邪惡、維護選擇的自由而犧牲自己的生命。我們參觀了幾個國家的墓地，那裡一排排的白色十字架，標示著年輕的美國士兵為了保護我們「自由的權利」而在異鄉捐軀的最後安息處。正如我們所知，自由需要付出代價。

不幸的是，自由在本質上可能被濫用，並被當作自我滿足的許可證。我們走訪阿姆斯特丹，在那裡，人們可以看到古老歐洲城市的美麗，但也可以體驗到自由不受控制所造成的絕望和無助。人們合法銷售並公開使用毒品；賣淫成為自由企業體系的一部分；自由性愛得到鼓勵，曾經美麗的城市公園現在成為來自世界各地的年輕人縱情的宿舍。在沒有抑制或負責任的選擇之下，自由可能會變成自我毀滅。

商業選擇

我們如何在經營這項事業時做出正確和良好的選擇？我們公司經歷了快速成長，銷量在過去二十年中每三年半增加一倍，超過三分之二的銷量來自過去十年中創立或收購的新業務。我們未來的生存要仰賴逾 15 萬名員工，其中大多數人在客戶的家中或企業中工作，他們必須每天選擇把事情做對，以及做對的事情。

我們的業務大多很普通。我們經常與基層的人打交道，當他們上門求職時，可能不知道自己有什麼技能，也未曾因自己能做些什麼而獲得認可。我們的任務是訓練、激勵和培養人才，使他們在職務上更得心應手、工作效率更高，甚至作個更好的人。這是管理和領導力的雙重挑戰。

在 ServiceMaster，我們從一個絕對參照點出發——尋求在所做的一切事情上榮耀主。在多元化社會中，並不是每個人都會同意這個起始點，但很少有人會不同意這種善的巨大潛力，因為「優先考量別人的利益或滿足」是人們認可的價值。

從這個參照點出發，並不意味著一切都會做對。在ServiceMaster，我們經歷了錯誤，我們有自己的毛病和缺點，我們可能會做出好的和壞的選擇。但由於我們有公開明示的起始點，我們通常無法掩蓋自己的錯誤。錯誤會被公開接受糾正，而且在某些情況下，錯誤會得到寬恕。

如果像精神分裂症患者般說一套做一套，公司員工就無法有效做事。一個錯誤發生時，若不是被更正，就是繼續錯下去，最終會爆發，需要關注和解決。獲得充分理解和實施的使命與目的，是公司的組織原則，能提供最好的內部控制。

我們所做的一切都是為了榮耀主，這不是我們獲得財務成功的原因。它不應該像某些數學公式那樣被套用，它的效用不能單靠利潤來衡量。這是一種生活原則，它讓我們能夠面對生活各個層面的困難和失敗，確保我們的起點永遠不會改變。由於它為我們的工作提供了理由和意義，最終的衡量標準不在於我們的損益表或資產負債表，而在於人們已經改變的生活。重點與其說是我們所知道的事情，不如說是我們如何被人所知：作個正直的人，不欺暗室，不論逆境或順境都堅持下去。

當我們的員工面對選擇時，有時候會選擇離開，因為他們總是覺得圍欄另一邊的草比較綠，別家公司更好。我最近收到了一位前任員工的來信，他在信上寫道：

親愛的比爾：

距離上次有機會見到你並與你交談已過了六年多。那時，我在 ServiceMaster 已經任職近五年。我寫這封信給你，是出於各種緣由，與我的個人價值觀、ServiceMaster 的目標和經驗以及我的職涯目標有關。在過去六年裡，我除了獲得智慧和耐心，也獲得經驗和知識。此外，這項經驗證明了 ServiceMaster 的理念和目標對我個人標準和價值觀的重要性。當我關注並欽佩 ServiceMaster 的成長和多元化時，我經常想寫下並表達我對 ServiceMaster 團隊成就的自豪，且想問您，我是否可以再次為這贏得和值得尊重的公司服務。

無論我的詢問結果如何，您和 ServiceMaster 將因您為我所做的一切而永遠受到欽佩和尊重。我希望，而且我相信您也一樣希望，有時候會有一種方法可以讓人們像羊群般吃圍欄另一邊的草，而不用想盡辦法跳過圍欄到另一邊去。

寫這封信的人現在已經回到我們身邊，在我們的一個新業務線中擔任重要職務。他與我分享他決定浪子回頭的原因時，也分享了他所做的另一個選擇——接受上帝的愛和寬恕。他選擇跟隨耶穌。

這讓我想起聖經中另外兩個人的故事，這兩個人來到耶穌面前，詢問該如何做出選擇，才能過美好的生活和承受永生。耶穌知道他們的動機，祂在回應其中一人時，指出上帝的愛、寬恕和接納的方式；而在面對另一個人時，耶穌首先測試他的真實動機，要求他賣掉所擁有的一切送給窮人。因為對這個人來說，「積累和緊抓住財富」成為選擇上帝的一道障礙。

耶穌提醒我們：「一個人不能事奉兩個主。不是惡這個，愛那個，就是重這個，輕那個。你們不能又事奉神，又事奉瑪門。」（馬太福音六章 24 節）當我們經營這項事業、尋求做出正確和良好的選擇時，如何兼顧上帝和利潤？只有當我們能分辨**目的**目標和**手段**目標之間的差異時，這種情況才會發生。利潤是衡量效能的標準，它是一個重要的**手段**目標；榮耀主和培養人才是**目的**目標。人們過著自己的生活和經營自己的事業，最終的問題是**為了什麼目的**。選擇取決於我們，但每個選擇都有兩面。

思考要點

- 每個人被創造出來時都帶有自由意志。我們在為善或作惡、做對或做錯之間做出選擇。

- 自由意味著負責任的選擇，既是責任也是權利。
- 對有信仰的人而言，我們的自由意志被認為是上帝賜予的禮物，上帝希望祂與我們的關係是憑藉自由意志的，而非強制性的。
- 「一個人不能事奉兩個主。不是惡這個，愛那個，就是重這個，輕那個。你們不能又事奉神，又事奉瑪門。」

問題

- 貴企業裡的人員訓練和發展，能如何幫助人們做出負責任的選擇？
- 你如何把任務和目的當作你事業或生活中的組織原則？
- 你的工作和業務成功是基於什麼目的？
- 你的主人是誰？

Chapter 12 真理是什麼？

兩千多年前，耶穌被問到這個問題。耶穌站在審判祂的總督彼拉多面前為真理作見證，並宣稱如果彼拉多在乎真理，就應該聽從祂的話，彼拉多回答：「真理是什麼？」然後就把耶穌交給人釘到十字架上。

真理是什麼？今天我們設法經營這項事業，這是個至關重要的問題；一個我們不能忽視的問題。因為我們聲稱我們的經營原則之一就是「真理不能妥協」。

真理有灰色地帶嗎？我們能否用某種方式在同事之間解釋真理，而這種方式允許真理有多種意義，以便容忍差異或是避免衝突？財務報表的真理，與個人基本信仰或精神信仰陳述的真理，兩者之間是否存在差異？真理是我們正在尋找但從未完全找到的東西嗎？是否有「客觀真理」這樣的東西存在？這些全是尋求了解真理的範疇。

完全公開

真理與現實是一致的。它可以是能夠證實的事實陳述，也可以是需要一定程度信心以便依賴的信仰陳述。有真理，就有信任。商業交易中的真理，全都與「完全公開」有關，亦即誠實，因而與欺騙隱瞞相關訊息是相反的論述。我們違背真理，可能使別人遭受痛苦。我今天向諸位提出這個問題，因為在過去十八個月裡，我們感受到三個領導者的痛苦，這三個人都違背了真理。如你們所知，其中兩人不再受僱於我們，第三個人正處於恢復信任和信心關係的過程中。我們可以從這些經驗中學到什麼？

第一個情況涉及一位決定為競爭對手效命的主管。他這樣做，不僅違背了他在就業協議中所做的承諾，而且當他透過語音郵件向他部門的一千多人告別時，他聲稱他仍然關心他們，而且他的決定與他的基督徒信仰、以及上帝對他生命的旨意一致。他沒有告訴他們的是他收到的簽約獎金金額。他透過他所說的話和未說的話違背了事實。他的行為也令人們對他自稱相信的一些事情是否屬實感到懷疑。

第二個情況涉及一名主管，他與我們合作八年，但卻沒有告訴我們他在某個前東家犯下的錯誤——一個涉及犯罪行為的錯誤。他的過去對他產生預期的壞影響。他被捕、被定罪，並在監獄服刑。他透過隱瞞相關訊息來破壞真理，並毀掉同事和部屬對他的信任。

第三個情況涉及一名我們繼續聘用的主管。三年來，他一直過著連他妻子和我們都不知道的雙面人生活——他和另一個女人有染。雖然他可能沒有跟我們說過一些代表他行為有問題的虛偽之言，但他的選擇違反了公司主管討論和理解的道德行為準則。他欺騙妻子的行為，影響到他作為公司領導者是否值得信賴。真理不能在精心設計的「精確」公開聲明與私下背叛之間分隔開來。我們在私人生活中違背真理，確實會影響我們在商業生活中獲得信任和領導的能力。

此人仍在我們公司任職，因他承認自身錯誤，要求寬恕，並且正處在家庭和工作中恢復信任的過程。世間總是存有寬恕的餘地，信任可以恢復，但是把真理打折扣，會產生不可輕忽的後果。

應用真理

我們可以透過我們所說或未說的話，以及我們做過或未做的事，使真理打折扣。正如我們的創始人魏德曾經說過的：「如果你沒有實踐真理，就是不相信它。」

英國哲學家約翰·洛克（John Locke）曾說：「我知道有與虛假相反的真理存在，而且人們可能會發現它值得追求。」判耶穌釘十字架的彼拉多提出這個問題，但卻不尋求或想要了解真理。在我看來，真理的源頭就站在他面前。耶穌以祂的言行展現真理的確實情況，這個真理可以為人所知和理解，並且成為我們信仰的對象和主體。

耶穌對他的追隨者說：「你們必曉得真理，真理必叫你們得以自由。」祂又說：「我就是道路、真理、生命。若不藉著我。沒有人能到父那裡去。」（約翰福音十四章 6 節）

那麼，在 ServiceMaster，如果我們不要使真理打折扣，該怎麼做呢？我們共同工作和學習，包含尋求將它的意義應用在經營這家公司和對待他人的方式上。我們也持續提出一個只能由個人來回答的問題：「我們的生活中有容納上帝及其真理的空間嗎？」

思考要點

- 真理是真實情況，是你可以依賴的事實或信仰陳述。真理與完全公開有關，亦即誠實，因而與欺騙隱瞞相關訊息是相反的論述。
- 世間總是存有寬恕的餘地，信任可以恢復，但是把真理打折扣，會產生不可輕忽的後果。
- 如果你沒有實踐真理，就是不相信它。

問題

- 你相信有客觀真理這樣的東西存在嗎？真理會以何種方式影響你的生活？
- 公司應該關切高階主管或員工在個人生活中的行為嗎？在工作場所之外，哪幾類行為會成為內部懲戒的理由？
- 應該在工作場所提出並討論最終真理和意義的問題嗎？如果應該，如何能夠在不迫使人們遵守上司看法之下做到這一點？
- 你的生活中有容納上帝及其真理的空間嗎？

市場和心智的戰場

我們在競爭激烈的市場中提供服務，當每個客戶詢問「為什麼我不該自己做這件事？」時，不僅客戶本身就是潛在的競爭對手，還有就像分類商業電話號碼簿所顯示的，我們提供的服務類別下還有一長串的供應商。雖然這是一個擁擠的領域，但競爭對手的數量也顯示市場對這些服務有強烈的需求。

我們目前在大多數市場中是主要業者，但若要繼續成長，就必須不斷改進旗下服務的品質、價格、便利性和可靠性。市場的競爭趨勢將會如此要求。這是一個戰場，競爭會產生贏家和輸家，而客戶會決定最終結果。

戰場在哪裡？

這個戰場的地點不在客戶的家中、辦公室、醫院或教育機構中，也不在我們釋放訊息的電視、品牌和宣傳標語中；在我們最具說服力的銷售簡報或直接行銷活動中也找不到它。

正如阿爾·賴茲（Al Ries）和阿爾·屈特（Jack Trout）在《行銷戰爭》（*Marketing Warfare*）一書中所寫的，這場戰爭有時候是在一個卑鄙而醜陋的地方開打，一個擁有很多未開發領域和讓不設防者落入陷阱之處。行銷戰爭會在心智中進行，而心智是一個棘手且難以理解的領域；一個只有六英寸寬的戰場；一個「哈密瓜般大小的心智山頂」。

在這個心智戰場上，感知、信仰、思想和希望等主觀力量為取得影響力而開戰。那就是為什麼在我們的業務中，我們必須尋求認識和了解客戶和服務供應商的想法。身為領導者，我們也必須認識和了解自己的心智，並確信什麼是正確的、什麼對客戶有價值、什麼對員工的照顧和發展有益、什麼是最終的目的與其意義。

幾個月前，我有一個有趣的學習經歷。我和其他四位商界領袖一起獲邀與陸軍參謀長和他的五位高級將領會面，針對二十一世紀的陸軍進行討論。會議在賓州卡萊爾市蓋茨堡（Gettysburg）戰場附近的陸軍戰爭學院舉行。

討論完後，主辦方特別帶領我們參觀戰場，幾位將領就李將軍（Lee）和米德（Meade）將軍及其下屬的軍事策略和戰術發表評論。從這場戰鬥可以學到許多領導心得，以及深入了解參與者的心理和動機。

李將軍接近蓋茨堡時，他知道他不僅要打一場戰爭，還要贏得戰爭。由於南方資源日益稀少，如果他沒有在蓋茨堡獲勝，戰爭很快就會結束。所有的人遲早都會認清這一點。

他在激勵他的部隊方面展現了高超的技巧，但他沒有贏得主要將領的支持，這些將領並不同意他的信念，對在蓋茨堡獲勝的最終意義感到懷疑。李將軍詳細講述他的策略時，將領無法有效執行和領導。他們懷疑、質問、延遲；到第三天結束時，大勢已去，戰爭的最終結果也已經決定了。

聯邦軍也犯了錯誤。這場戰爭實際上是南方戰敗，而非北方獲勝。但對於北軍的張伯倫（Joshua Chamberlain）上校來說，這不僅僅是為了保護聯邦或控制某些領土的戰爭。不，這是關於更崇高的使命：堅信每個人都是按照上帝的形象創造的，並且應該有獲得自由的機會。奴隸制是錯誤的，必須加以廢除。

張伯倫上校不僅相信這一點，而且在他的軍隊中灌輸這個信念。戰爭第二天，張伯倫上校和他的緬因軍團守住小圓頂（Little Round Top）的關鍵據點。由於他們的彈藥耗盡，他們上刺刀並衝下山坡，保護聯邦軍隊的關鍵側翼。如果他們失敗，北方很可能就戰敗了。

這確實是一場用戰爭武器搏鬥的浴血戰，但這也是一場心智之戰。

更崇高的使命

我們訓練員工，讓他們為踏上心智的行銷戰場做好準備時，也需要有人提醒我們一項更崇高的使命。在這家公司，我們的重點是在所做的一切事上榮耀主，我們實現這個目標的方法之一就是追求卓越的客戶服務。另一種方法則是在培養員工方面；不僅在於他們所做的事情上，也在於他們服務別人時會成為什麼樣的人。無論任務多麼平凡，如果一個人工作做得好，而且在完成的工作上獲得認可，就可以獲得尊嚴和自我價值。

我們把對員工發展和福祉的信念以各種方式傳達給客戶時，我們的使命就變成心智戰爭中的一大優勢。最有效的行銷來自公司使命的核心。知道一個人所提供的服務是被人所需要和受到感激的，憑藉著這種心態，我們的員工會更能夠運用一勞永逸的解決方案，提供可靠和一致的服務。他們讓客戶高枕無憂並省下珍貴的時間，成為客戶可以指望和信賴的人。

心智戰爭不僅限於市場，也會因為信仰和信念體系的問題而開打。我們尋求在所做的一切事上榮耀主，不是在推廣一種宗教。我們想要知道：在人們的心智發展中，在人相信什麼以及對待他人的方式上，上帝是否扮演某種角色。

身為耶穌基督的追隨者，我相信上帝知道我的想法、更新我的心智，讓我為行動做好準備，並召喚我要與耶穌有同樣的心思意念。當我信任祂時，祂召喚我要樂意服務，並承諾讓我心靈平靜。明白並相信我所信仰的這些核心真理，提供了我在完成工作和擔任執行長時所需要的精神力量。

思考要點

- 行銷戰爭會在心智中進行，而心智是一個棘手且難以理解的領域；一個只有六英寸寬的戰場；一個「哈密瓜般大小的心智山頂」。
- 無論任務多麼平凡，如果一個人工作做得好，而且在完成的工作上獲得認可，就可以獲得尊嚴和自我價值。
- 心智戰爭也會因為信仰和信念體系的問題而開打。我們尋求在所做的一切事上榮耀主，不是在推廣一種宗教，但我們提出問題：上帝是否在人們的心智發展中扮演某種角色？

問題

- 你的客戶心中有什麼看法？他們如何看待你的產品或服務的價值？
- 你需要在客戶服務、價格、便利性或可靠性方面做些什麼改進，以提高市場占有率？什麼因素阻礙你這樣做？
- 你的領導團隊是否對公司如何經營業務抱持相同的信念？他們是否接受一套共同的願景和價值觀？如果沒有，可以做些什麼來讓員工達成共識？

Chapter 14

你的優先考量是什麼？

我們公司在很多方面都獲益於杜拉克的建議和忠告，他總能讓我們聚焦於業務最重要的問題，亦即**決定優先考量**，然後了解完成任務所需要做的事情——**取得成果**。

杜拉克為今年的年報撰寫了這篇文章。幾週前我和他見面討論他的大作，並探討我們在未來業務中考慮要做的一些改變。他告訴我，他會撰寫關於服務工作和服務業人員的文章。

服務業人員

杜拉克估計，未來十年內，在所有已開發國家的勞工中，服務業勞工人數將占至少四分之一。他的結論是，提高生產力是已開發國家面臨的主要挑戰之一。他將這項挑戰和對應的機會，與二十世紀上半葉發生的情況進行比較，當時藍領產業工作的生產力激增，對經濟和勞工的工資水準帶來相應的好處。

他針對我們為改進和評估生產力而開發的一些系統及結構給予稱讚，其中包括：

- 將服務任務劃分為五分鐘的工作單位。
- 重整醫院環境清潔的外包服務組合，納入醫院僱用的服務人員。
- 將「害蟲業務」從一次性的「除蟲」服務，重新定義為定期按月或按季「害蟲控制」持續性服務，從而為服務供應提供更富成效的路線選擇系統。
- 採用特許加盟方式，應用於某些能以在地經營方式更有效提供服務的項目。

杜拉克也讚揚我們透過持續的培訓和激勵，聚焦於培養服務人員的尊嚴，並為他們的工作提供目的和意義。他指出，在早期的藍領生產力時期，這些事項都付之闕如。他鼓勵我們繼續傾聽服務人員解釋如何簡化和改進任務，並繼續讓他們參與承擔工作品質和提高生產力的責任。

單一優先考量

當我與杜拉克談到我們面對的變動以及增加一些新服務項

目的可能性時，他的回答讓我上了一堂關於使用「優先考量」一詞的歷史課。這個詞在十四世紀納入英語，直到二十世紀才被廣為使用。

「記住，比爾，」他說，「這不是決定業務優先考量的問題；而只是找到最優先考量並且做好它。在 ServiceMaster，你的優先考量是為員工提供尊嚴，為股東提供收益，所有這些都是透過提高生產力來實現。要先確保你知道在新服務項目中，這種情況會如何、會在何處發生，否則就不要增加它。」

他在向我說明任務的定義時講得很對。那天晚上，我在下榻的飯店房間閱讀聖經並反思我們的討論時，我問自己：「我生活中的優先考量是什麼？」

我的結論是，身為基督徒，我的優先考量很明確。耶穌在「登山寶訓」中闡明了這一點，祂說：「你們要先求祂的國和祂的義，這些東西都要加給你們。」我也意識到，耶穌在後來的傳道工作中清楚表明，那些跟隨祂的人不是自身生命的擁有者；上帝才是，而他們是受託人。我身為耶穌的追隨者，被賦予「如何投資個人生命」的選擇，而上帝作為擁有者，則期望得到回報，祂希望我成為忠實且富有成效的管理者，管理祂委託給我的人才和資源（馬太福音二十五章 14~30 節）。

身為商界人士，我如何實現這項優先考量？亦即，為耶穌過著富有成效的生活？只有當我能夠將我的信仰主張與我的工作要求整合時，這種情況才會發生。我不能一有工作就忘了信仰，也不能或不應該利用自己的職位將自己的信仰強加給他人。

我的禱告是，公司的員工、股東和客戶將在我的言行中，看到基督在我內心中的實際情況——我是一個服務和關心他人、並且專注於結果的領導者。我不僅要為此對上帝負責，也要對諸位董事負責。

在生活的其他方面，我對家人和教會負責，他們必須看到我的信仰與我的言行（行為更重要）整合。對我而言，這是富有成效生活的**最優先考量**。

《箴言》的作者說得好：「諸般勤勞都有益處，嘴上多言乃致窮乏。」（箴言十四章 23 節）

思考要點

- 未來十年內，在所有已開發國家的勞工，服務業勞工人數將占至少四分之一……提高生產力是已開發國家面臨的主要挑戰之一。
- 這不是決定業務優先考量的問題；而只是找到最優先考量並且做好它。
- 「諸般勤勞都有益處，嘴上多言乃致窮乏。」

問題

- 你採取哪些實際步驟來肯定尊嚴和提高員工的生產力？你採取什麼做法以持續訓練和激勵他們？
- 你採用何種方式讓員工為其工作品質和數量承擔責任？
- 你能夠識別貴公司的優先考量嗎？
- 你人生中的優先考量是什麼？你是你所擁有一切的管理者或擁有者？你對誰負責？

基於平凡，期待不凡

上週是復活節。內人茱迪和我正在度假，我們有幸參加俯瞰墨西哥灣的晨曦禮拜。當太陽升起時，我開始思考兩千年前的那個清晨，當時復活的耶穌向最先見證祂復活的抹大拉的馬利亞顯現。她早上來到這裡，發現了一座空墳墓，直到耶穌叫她的名字，她才認出祂來。

上帝為什麼選擇像馬利亞這樣的人，成為這個基督信仰重大事件的第一位見證者？她不僅是極為普通的人，而且聲名狼藉。當耶穌第一次見到她時，她是最低賤的妓女，正派人士和宗教人士對她避之唯恐不及。然而現在，隨著馬利亞生活的改變，她是第一個看到復活奇蹟的人。她被賦予「告訴眾人耶穌沒有死」的特殊任務，這個故事從人類的角度來看令人難以置信，但卻會改變歷史的進程。

這種平凡、低調、行事非凡的選擇，是耶穌生活的模式。

從耶穌母親的卑微地位開始，耶穌降生在馬槽，早年在拿撒勒作為木匠之子和學徒，並選擇漁民和稅吏在祂死亡和復活後繼續祂的聖職。

效法基督

基於平凡並期待不凡，這是 ServiceMaster 自創立以來所奉行的道路。我們從平凡的任務和服務中創造出偉大的事業。我們做的事情包括清理地板、清潔地毯和馬桶、除草殺蟲，全都是人們一般不喜歡或不想自己做的事情。

我們現在每天負責管理超過 20 萬名從事這類工作的人。客戶選擇將這些工作外包給我們時，我們能夠將他們的問題和花費轉化為我們的營收和利潤。多年來，我們以卓越的方式做到這點，現在擁有逾一千萬名客戶，這是一項非凡的成果！

我們透過培養平凡人的才能和技能來建立這項業務。畢竟，他們之中有更多人具備更高的發展和成長潛力，有更多做出承諾和表現忠誠的機會。平凡人通常會準備得更周全來服務和了解客戶，而這些客戶大多也是平凡人。

是瑪莉亞這樣的人，讓這樣的成果得以實現。

二十年前，瑪莉亞加入 ServiceMaster 家族擔任女傭。一開始，她在芝加哥地區的一家長期護理機構從事卑微的清潔工作。

她只會說西班牙語，以前沒有做過正職，受過的正規教育也有限，但她確實有學習的欲望，確實對人抱有同情心，確實想要為自己的生活做一些有意義的事情，也確實懷抱希望。

瑪莉亞在 ServiceMaster 職涯中取得很大成就，不僅是為她自己，也為她的團隊隊友和客戶。她負責的職務愈來愈多，並且以督導者的身分發展，之後又榮升經理。她曾在伊利諾州、威斯康辛州和德州的幾個醫療機構和學區領導 ServiceMaster 計畫。現在的她英語流利，通曉大學等級的會計、歷史和英語文學課程。她在職涯中完成重要的工作目標，也達成扶養年邁母親等重要的家庭目標。

公司主管一路培養和關心瑪莉亞，她則以對公司的忠誠和對客戶的優質服務來回報。瑪莉亞代表了許多在我們組織裡各個階層（包括資深領導階層）服務和貢獻的員工。

富有成效的夥伴關係

美國著名管理學家湯姆．彼得斯（Tom Peters）將我們描述為與客戶建立批發合夥關係的公司，杜拉克說我們從事「訓練和發展人才」業務，哈佛商學院的金．海斯凱特（Jim Heskett）則將我們描述為一家透過將服務工作重新設計、並提供培訓和激勵來打破失敗循環的公司，這種培訓和激勵已帶給許多員工前所未有的自尊水準。

這些榮譽讓我想起以下格言：「你可以花錢購買一個人的時間，可以花錢請一個人親自到某個特定地方，甚至可以花錢購買一天八小時做適當次數的技巧性肌肉運動；但你不能購買熱情，不能購買主動精神，不能購買忠誠，也不能花錢讓人奉獻他們的心靈、思想和靈魂。」當人們被激勵去做他們有錢也買不到的事情時，他們會做出貢獻，並以嶄新的、更好的方式為客戶服務。

「散播耶穌復活佳音」的任務首先交給那些持續取得非凡成果的平凡人。「服務客戶和發展這家公司」的任務掌握在平凡人手中，他們正在取得非凡的成果。

藉由平凡來完成不凡之事是可能的，但不是必然的。我們認為，這要由一項清楚闡明的使命開始，該使命超越了營利的**手段**目標，並使我們能夠將每個人視為具有獨特技能和才華的個人來重視，包括：頌揚工作、生產力和利潤的概念；鼓勵對結果擔起主導權和責任；將學習視為終身經驗。領導階層樹立服務榜樣時，這項做法在執行上變得有效。這也與韓森在第一次董事會會議中提醒我們的事情有關，當時他引用基督教學者作家 C. S. 路易斯（C.S. Lewis）的話說：「世上沒有凡人。你從未和一介凡人談話。國家、文化、藝術、文明，這些都會消亡，它們的生命對我們來說就像蚊子的生命一樣。但我們打趣、合作、結婚、怠慢和剝削的對象，都是不朽的人物。」

我們合作的人是按照上帝的形象和相似性創造的。每一個人都是特別的，絕非平凡。

思考要點

- 基於平凡以實現不凡。
- 當人們被激勵去做他們用錢也買不到的事情時，他們會做出貢獻，並以嶄新的、更好的方式為客戶服務。
- 藉由平凡來完成不凡之事是可能的，但不是必然的。
- 世上沒有凡人。你從未和一介凡人談話……我們打趣、合作、結婚、怠慢和剝削的對象，都是不朽的人物。

問題

- 透過培養平凡人的才能和技能來建立企業，有哪些優勢？
- 貴公司中有很多像瑪莉亞這樣的人嗎？應該要有更多這種人嗎？你要如何做才能促成這種情況？
- 貴公司如何使能創造非凡成果的凡人做好準備，並且鼓勵和獎勵他們？

工作大學

我想以一些想法展開我們的董事會教育日，這些想法的主題是：學習，以及公司在持續教育員工方面扮演的角色。

《箴言》提醒我們，學習應該是終身經驗。在《箴言》第一章的前七節，作者強調了該書的主題，包括：取得智慧、獲得紀律和謹慎生活，以及學會行事公平、公正和正確的重要性。序裡的總結提醒我們「敬畏耶和華是知識的開端」，以及「愚妄人藐視智慧和訓誨」。

現今我們會花大部分時間來學習如何改善公司管理。但在開始之前，讓我們回顧公司在為員工提供學習環境——或是我經常稱為「工作大學」的單位——的責任。

教育哲學

ServiceMaster 的學習部分，源於我們的前兩個目標：在所做的一切事情上榮耀主，並幫助人們發展。

在上帝所有的創造中，人是很特別的。每個人都是以上帝的形象和相似性創造出來的，具有價值、優勢和潛力。著名的品管大師愛德華茲．戴明（W. Edwards Deming）這樣說：「我們天生就具有潛在的學習動機、自我價值、尊嚴、求知欲。」

在 ServiceMaster，我們的教育理念體認：人們有獨特的學習、行事，以及成為哪種人的能力。我們與工作環境中的其他人互動時，學會了接受並運用相同的價值體系。我們不斷觀察何者是可接受的、何者會獲得獎勵，以及何者會被視為正常。我們在服務客戶上富有成效時，學會了共享的意義、信念和行為。我們有可能改進我們被訓練去做的事情，亦即修改和適應，以獲得更好的結果。

我們選擇認為有利於自己和我們所關切之人的方式行事。這樣做，我們可以更進一步了解我們是誰、來自哪裡，以及可能成為怎樣的人。我們對自己做出的選擇負責，並體驗好決定或壞決定的後果時，就會學習。在過程中，我們應該面對生活的基本問題：是否有最終的真理來源？有容納上帝的餘地嗎？正如艾倫．布魯姆（Allan Bloom）在《美國精神的封閉》（*The*

Closing of the American Mind）中提醒我們的：「如果沒有對真理的真正追尋，就不可能有學習。」

學習必須超越更正或修復缺陷的過程。我們聘僱和擢升員工，是基於他們可以做的事情，而非他們不能做的事情。我們應該鼓勵人們發展個人天賦，並充分發揮本身的優勢。在工作環境中學習，包括保有犯錯的餘地，因為如果沒有寬容，就無法發揮潛力。

我們分配任務時，必須明確界定任務，這樣才能對完成任務給予獎勵，以及肯定績效表現。結果是什麼？一言以蔽之，就是「改進」。在我們扮演的角色和產生的成果上改進，以及在我們為他人做出貢獻的能力上改進。

終身學習者

身為終身學習者，我們也需要傳授本身所知的經驗，因為傳授能加強理解。為了鼓勵教學，我們必須公開獎勵那些指導和協助他人發展的人。同時，我們必須小心避免將學習的責任從學生轉移到老師身上。學生是工作者，而不是工作產物，工作者必須積極參與和負責結果。

如果一家公司的領導者忙到分身乏術而無法傳授，他們就是忙到無法為我們工作。

學習不能僅是自我充實的另一種管道，學習的最終衡量標準必須包括一個複製週期——學生成為老師，並參與傳遞所學的過程。這類學習會促成行為和生活上的改變。

多年來，我們發展了許多正規學習經驗，亦即結構化的訓練和教育課程，其中涵蓋訓練人們如何拖地、清潔地毯或除蟲，乃至於廣泛的管理技巧課程和相當於培養領導者的企管碩士（MBA）課程。我們也鼓勵許多非正規的學習經驗，包括經典作品閱讀。

近來，愈來愈多求職者在閱讀、寫作和語言方面的能力不足，而且欠缺基本的社交技能，不懂禮貌，行為舉止也不客氣。我們正在發展新計畫以涵蓋這些需求。我們的國際培訓計畫也在擴大中，對文化差異進行一些調整，但核心價值觀維持不變。

到目前為止，ServiceMaster 學習環境中最重要的目標是：幫助人們更進一步了解自己；了解自己的優勢以及如何加強它們；了解自己的弱點和無法做到的事情；了解和思考自己的想法以及為什麼會有這些想法。

只有當員工看到自己奉命執行的事，與自認為值得去做的事情之間存在強大連結時，他們才會真正有效工作。查克．斯泰爾（Chuck Stair）在他最近的文章中提醒我們：「我們不僅是教師，也是複製者——在員工心中複製我們既有的動機、複製讓我們能夠成長的氣氛，並複製未來會被需要的僕人領袖。」這是我們工作大學的目標。

T. S. 艾略特（T. S. Eliot）曾經問過這樣一個問題：「我們在資訊中遺失的知識在哪裡？我們在知識中遺失的智慧在哪裡？」《箴言》的作者曾說「敬畏耶和華是知識的開端」，以及「愚妄人藐視智慧和訓誨」，如果我們記得這些話，就不致失去智慧和知識。

思考要點

- 我們天生就具有潛在的學習動機、自我價值、尊嚴、求知欲。
- 如果沒有對真理的真正追尋，就不會有學習。
- 學習的最終衡量標準必須包括一個複製週期——學生成為老師，並參與傳遞所學的過程。這類學習會促成行為和生活上的改變。

問題

- 貴公司有哪些持續性的教育課程？它是否不單單涵蓋工作技能？它是否有花時間來確定我們是誰、來自何處，以及可能成為怎樣的人？
- 貴公司如何鼓勵和獎勵指導者？
- 如果你要為公司領導者或自己整理一份外部閱讀清單，清單上會有哪些書？
- 你如何參與終身學習的過程？它是否涉及對真理的真正追尋？

Chapter 17 上帝在職場

這將是我作為公司董事與各位的最後一次會議。自從 1977 年我第一次參與開會以來，已經過了二十五年多。從那時至今，公司經歷了很多改變和成長，但對人的價值和重要性，我們的關注始終不變。

在聖誕假期中，有播出一個關於杜拉克生平和所處時代的電視特輯，報導也涵蓋了 ServiceMaster，並特別提到杜拉克在我們董事會提供諮詢的時期。在那次令人難忘的會議中，他一開始便提出他的一個著名問題：「你們經營什麼事業？」

董事會成員初步的回答包括：清潔地板和廁所、殺蟲除草，以及各個業務部門執行的工作清單。杜拉克禮貌地傾聽幾分鐘，然後告訴董事會一些我從沒有勇氣對各位說的話：

你們全都錯了。你們的業務是人員的訓練和發展。沒有人，你們就無法提供服務。沒有受過訓練、積極主動和忠誠投入的人員，你們就無法提供優質服務。你們以不同的方式加以組合，來滿足客戶的需求，但你們的基本業務是人員的訓練和發展。

杜拉克再次一針見血，但他那天早上沒有問的一個問題是：「接受訓練和發展的人是誰？」這個額外的問題是我們在ServiceMaster提出的問題，而我們的回答引領我們來到公司的第一個目標：在我們所做的一切事上榮耀主。

我們榮耀主的方式之一是，明白所有的人都是按照祂的形象創造的。這項事實是我們訓練和發展過程的基礎。每個人都是特別的，都有自己的特殊潛力。每天來上班的是完整的全人，而非僅僅是一雙手。這是上帝所愛的整個人，上帝從這個人身上看到祂的形象被反映出來。

但每個人都不一樣，而且各有不同的信念。並非所有的人都愛上帝、認識上帝，或甚至承認祂的存在。我們的員工、客戶和股東組合，範圍涵蓋了各種信仰和無信仰。

當我把這項服務的責任交給諸位時，我對你們提出的問題不是「我們正在訓練的人是誰」，而是「我們如此榮耀的上帝是誰」？

我們所榮耀的上帝是誰？

一個關於企業靈性（Spirituality in Business）的世界會議最近在紐約舉行，會議領導者希望能夠更加了解內在自我，以及它如何能夠在商業環境中得到轉化，因此創造了一個明顯的上帝象徵。這個象徵是由宗教聖像組成，包括佛教和印度教的神祇、猶太燭台、聖母馬利亞的小雕像，四周全都圍繞著青銅天使。這種對多元主義的敬意，以及對上帝作為靈性來源的理解，被標榜為多元文化主義的祭壇。

我讀到這個「新世紀」（New Age）哲學的象徵時，不禁想起使徒保羅在雅典的經歷。保羅看到一個刻有「獻給未識之神」的祭壇，於是向議會（council）的哲學家們解釋說，與其崇拜一個不知名的神，不如信仰上帝，上帝創造了世界及其中的萬物，並為人們提供了一條認識和接受祂的道路。

那麼我們如何在世俗的商業環境中論述上帝的真理呢？我們的傳統遺澤**具有包容性但並非多元化**，我們接受並接納各種信仰的人和無信仰的人。我們這樣做，並沒有放棄或妥協上帝的真理。在 ServiceMaster，領導者的角色不是界定或解釋各種宗教之間的差異。對我們來說，決定性的因素是：上帝的真理是否告訴我們要如何看待人們，以及如何盡到協助人們發展的責任。

我們的指導原則認為，每個人都具有：

- **尊嚴和價值**，無論階級、職稱、地位、種族、性別或能力如何。
- **選擇的自由**，包括接受或拒絕上帝的選擇，以及為善或作惡的選擇。
- **表現卓越的潛力**，能夠擅長運用雙手或心智，並在服務和生產時成長和發展。
- **不朽和永恆價值**，是上帝所愛的對象。

我們在與上帝所造人類的關係中定義上帝時，具有包容性但並非多元化。對身為基督徒的我來說，我在耶穌基督裡找到上帝的真實。我信仰的核心就是曾經生活在這世上、並且說祂是「道路、真理、生命」的耶穌。因此，對我來說，上帝真理的意義和信息包含耶穌基督的救贖故事。這不是對真理的福音附加物；這就是真理本身。

確認但不強加真理

身為耶穌的追隨者和 ServiceMaster 的領導者，我無法將這個真理強加給別人。但如果我準備忠於我的信仰和我的前任委託之事，我也不能讓它被稀釋或混淆。這樣一來，我經常會面對一種現實情況：我的行為和人際關係會像言語一樣，把我相信和說過的真理表述出來。如同我們的創始人魏德所言：「如果你不實踐真理，就不會相信它。」領導者對自己的信仰必須有著堅定的信念，這是他們的責任。如果真理之光不夠閃耀，我們為包容所做的努力將成為多元主義的大雜燴，無法榮耀主。

對我而言，要在這種衝突中找到平衡點並不容易，隨著社會變得更加多元和世俗化，未來的挑戰會更艱鉅。我們的兩個目標是「榮耀主」和「實現獲利性成長」，這兩者之間存在著緊張關係。有時候，我太大力推動人們實現當季利潤目標；有時候，我分享信仰可能冒犯了某些人，或者我的行為可能與我的信仰原則不一致。這些情況會提醒我，我信仰的上帝要求人們認罪、改正和尋求寬恕。當我在自己的不完美中變得更加透明時，我能與我負責領導的人們建立更強大的關係。

那麼，當我們展望未來時，我們要榮耀的上帝是誰？這是管理階層目前考慮的主題。鑑於 ServiceMaster 目前發生的所有變動，包括「新」ServiceMaster 公司的規畫和方向，董事會也應將這個主題視為其管理職責的一部分。這應該與管理階層一起進行探討，包括仔細考慮第一個目標是否能夠繼續宣揚上帝的真理，同時在企業文化中納入信仰多元化。如果不能做到這個目標，就應該將它從公司的目標中刪除。

任何人都不應該對這項任務的規模感到懼怕。

思考要點

- 每天來上班的是完整的全人，而非僅僅是一雙手，這是上帝所愛的整個人，上帝從這個人身上看到祂的形象被反映出來。
- 上帝的真理是決定性因素，能決定我們要如何看待員工以及如何盡到協助他們發展的責任。
- 為了讓上帝的真理發光閃耀，分享本身信仰的領導者也必須實踐上帝的真理。

問題

- 你從事什麼事業？
- 上帝是否適用於你的事業或是你對待和培養員工的方式？如果適用，你讓這種情況實現的方式有哪些？
- 有哪些實際的方法，讓領導者可以在不強加自身信仰的情況下，在工作中分享和實踐自己的信仰？

Chapter 18

領導力的重點是成為僕人

幾個月前，我在哈佛商學院傳授 ServiceMaster 個案研究時，有位學生問我：「你希望你的接班人具備的最重要特質是什麼？」我的回答是：「一個擁有、或可能養成僕人之心的人。」

這個答案反映了我加入這家公司時，必須學習、也是最重要的一課，以及某件已經是持續性學習經驗的事情。僕人式領導對我來說並非自然而然發生，我必須了解的第一件事是「為我領導的員工設身處地著想」這句話所代表的意義。雖然近年來有很多關於僕人式領導的著作和論述，但 ServiceMaster 長期以來一直致力於這個概念。

成為執行長需要什麼特質？

我們的前董事長韓森和前執行長魏斯納都參與了招聘我的

事宜，他們最初希望我領導公司的法律和財務事務，直屬於魏斯納。為了讓我接受這份工作，對方暗示我會是公司考慮的執行長人選之一。

面試過程費時數個月，當我認為確認薪酬和到任日的最終面試即將到來時，我研判我需要了解更多關於成為 ServiceMaster 執行長應該具備的特質。當我強調這一點，並試圖就如何能夠獲得該職位取得一些保證時，韓森起身告訴我，面試結束了；接著魏斯納送我到公司前門。那天早上離開 ServiceMaster 時，我的結論是：完了，我搞砸了一個機會。

幾天後，韓森邀請我共進早餐，討論發生的事情。我們坐下來時，他說：「比爾，如果你想要到 ServiceMaster 有所貢獻和服務，你將會有美好的未來。但如果你進公司要先看頭銜或職位，包括執行長職位，那你會失望。要在 ServiceMaster 成功，你必須學會以別人的利益為優先。」

他的領導哲學非常明確：如果某人沒有工作或頭銜就活不下去，千萬不要給他／她工作或頭銜。要事先確定一個人視自身利益還是他人利益為優先，了解此人是否願意做自己要求別人做的事。

我接受了這份工作，韓森以他自己的方式，測試了我的承諾以及我是否了解他告訴我的事。我把在 ServiceMaster 職涯的前幾個月花在清潔地板、進行維護以及其他屬於我們服務業務的工作。有一些經驗需要學習——其中最重要的是我對部屬的依賴，以及對他們所承擔的責任。

這段期間，還有許多其他經驗對我產生影響，像是服務人員每天忍受的事物，以及一般人通常如何看待那些從事例行性工作的人。人們對服務人員往往視而不見。經營事業的方式有對有錯，有時得做出判斷，我在職涯中有時會面臨那種不可避免的判斷，在那種情況下，我們服務人員的臉孔會掠過我的腦際——我的行為是否正直，必須通過他們的審視。

當所有數字加總並作為公司的成果來報告時，這些數字不只是滿足會計業持續變動的標準。它們必須反映公司整體表現的實際情況；這個結果是人們可以仰賴的，並反映出一個群體是根據信任來建立的。若非如此，我就是在自欺，並且欺騙我致力服務的人們。

我們服務日

這些學習經驗現在已經納入名為「我們服務日」（We Serve Day）的定期計畫中。所有的領導者和員工每年至少花一天時間在第一線提供一項服務。這種面對面服務客戶的機會適用於所有人，包括我們請來的高階主管和資深員工。

我們的企業傳播部門副總裁克萊兒·布坎（Claire Buchan）

最近將她的「我們服務日」描述為艱難的工作。她清洗了灰狗巴士，並花很多時間擦掉擋風玻璃上的蟲子。她聲稱事後幾天身體痠痛，但也說她對服務人員有了新的認識，並發現增進對他們的尊重和尊嚴是多麼重要。透過花時間體驗服務的實際情況，她更能夠向公眾傳達 ServiceMaster 的價值。有些人具備特別的技巧和才能，能超越自己現有的職責 ，克萊兒就是這樣的人。*

今年年度報告的主題是「透過服務來領導和學習」，封面上的雕塑是由艾絲特．厄格斯柏（Esther Augsburger）創作的，內容描繪耶穌基督替門徒洗腳，這是僕人式領導的一個顯著和實際的例子。這個雕塑，與它身後列出在公司年資滿 25 年人員名單的花崗岩牆，將會設在新辦公大樓的入口處。它提醒我們，我們的公司是由那些為履行使命和目標做出職涯承諾的人們所建立的。

最後，來聽聽耶穌在門徒爭論他們之中誰為大時，針對領導力給予門徒的忠告。「外邦人有君王為主治理他們，那掌權管他們的稱為恩主。但你們不可這樣；你們裡頭為大的，倒要像年幼的；為首領的，倒要像服事人的。」（路加福音二十二章 25~26 節）

---

* 克萊兒帶著我們的祝福離開 ServiceMaster。在我撰寫本文時，她已任職美國總統的副新聞祕書，為我們的國家和世界服務。

思考要點

- 我會希望接班人具備的最重要特質是什麼？……一個擁有或可能養成僕人之心的人。
- 如果某人沒有工作或頭銜就活不下去，千萬不要給他／她工作或頭銜。事先確定一個人視自身利益還是他人利益為優先，了解此人是否願意做自己要求別人做的事。
- 「外邦人有君王為主治理他們，那掌權管他們的稱為恩主。但你們不可這樣；你們裡頭為大的，倒要像年幼的；為首領的，倒要像服事人的。」

問題

- 你認為貴公司執行長身上需要具備的最重要特質是什麼？
- 你是否有一些擔任領導者的經驗可以分享？
- 如果你可以選擇一座雕塑放在公司前面，讓這個雕塑確切描繪貴公司的使命及目的，你會選擇什麼樣的雕塑？

Chapter 19

保持距離，友誼常青

美國詩人羅伯特・佛洛斯特（Robert Frost）在他的詩作《修牆》（*Mending Wall*）中提出一個問題：「為什麼『好籬笆』造就好鄰家？」他說：「我造牆之前，要先弄清楚，圈進來的是什麼，圈出去的是什麼……」他的基本問題，可以在春天修籬笆的老規矩中找到答案——兩個鄰居同意「約好巡視地界，在我們兩家之間再把籬笆重新立起」。這樣的做法讓他們不僅可以修復冬天毀損的籬笆，還可以重新建立彼此的關係。

不同類型的差異

我們生活在充滿各色人種的世界裡。隨著業務性質日益全球化，我們在員工和客戶之間反映出更大的多樣性。這些差異包括種族、年齡和性別，也包括個人價值觀、信仰體系和生活方式選擇等主觀差異。在這些差異之中，有些肇因於幾個世紀以來為了隔離或定義所豎起的牆；其他差異則代表了帶來多樣性和創造力的獨特性。

這些差異之牆可以是造就好鄰居的好籬笆嗎？

我們本週在日本召開董事會會議，目的是訪察公司最大的國際業務部門營運點，並審查在其他國際市場的業務。由於我們的首要目標是「在所做的一切事上榮耀主」，與個人價值觀和信仰體系相關的人際差異或牆垣，始終存在於我們的業務中，所產生的問題必須加以考慮和解決。

上週，我們在日本遇到這樣的經歷。我們的日本合作夥伴舉行一場包括佛教吟誦的早課，內容擴及對服務客戶的承諾。多年來，信仰其他宗教的人均被要求出席儀式，但沒有被要求參加吟誦。我上週到日本後，業界一些基督徒決定不參加這項開幕式以示抗議。我立刻面臨的問題是：這種差異之牆是否可以成為造就好鄰居的好籬笆？在和日本夥伴公司的總裁討論這個問題時，我提議第二天我應該參加早課，我會在吟誦時保持沉默，但在儀式結束後，我也要有機會分享從我的信仰觀點出發的經驗，以及耶穌的愛對我所代表的意義。總裁表示同意，翌日儀式結束後，我發表意見，所有的人都同意未來會遵循類似的做法：所有的人都必須參加儀式，而在結束前，基督徒和其他宗教信仰者都會有機會分享關於本身信仰上具有意義的事情。

這種解決方式不僅有助認清隔離籬笆的現實情況，而且也為我們在業務上的共同利益、為彼此建立更強大的關係提供背景環境。這樣做，就有機會讓人們就生命中最重要的問題之一——上帝的問題——進行對話。

在不同信仰系統的其他文化中，我們的業務提供類似的機會。同樣地，由於公司的第一個目標，我最近在沙烏地阿拉伯有機會與派駐當地的業務領導者，就《創世紀》二十一章 8~19 節裡上帝對亞伯拉罕的兒子以實瑪利的愛和關懷的主題，進行了深入的討論。我也談到上帝對我和他們的愛，這反映在耶穌生平的事工和目的上。

全民共同的問題

我們的企業已經成為一個跨文化的分銷管道，不僅要服務客戶和賺錢，還要在不同的人之間建立堅固的關係籬笆。這樣做也讓真理和認知有著共同來源的問題浮現——超越自我的來源、愛與希望的來源、生命與工作意義及目的的來源。

我尋求利用這個企業來建立關係籬笆，對我這樣的基督徒而言，我必須接受差異的事實，然後以這種讓芳鄰能夠接觸和感受我的信仰真實性的方式，來吸引和接納他們。當我能夠這樣做，就可以將我的信仰主張與我的工作要求整合起來。

如果沒有員工，那企業是什麼？我們共事的人是誰？他們為什麼工作？我們能否在沒有信仰參照點的情況下理解或回答這些問題？企業的目的是什麼？企業的存在是否只是為了獲利而生產商品或服務？或者它也是針對人類品格發展的道德社群？一個由不同人組成的社群，如同美國企業家兼作家馬克斯・帝普里雷（Max De Pree）所說的，這些人「……全是上帝混合配製的一部分——根據上帝的形象創造的人們——一個引人注目的謎團」。

今天我以艾略特「磐石中的合唱詞」（*Choruses from the Rock*）裡的詩句作為總結。

如果你們沒有共同的生活，你們會有什麼樣的生活？
沒有任何人的生活不是在社群之中。
沒有任何社群不是在對上帝的讚美之中得以維持。

主若不與你們同在，你們可能保守這城市嗎？
一千名指揮交通的警察也不能告訴你，
你為何而來，或往何處去。

「你們是否因為彼此相愛而緊密地聚居？」
你們將怎麼回答？「我們住在一起，是為了賺彼此的錢？」
或是回答「這是一個社群？」

思考要點

- 差異包括種族、年齡和性別，也包括個人價值觀、信仰體系和生活方式選擇的主觀差異。
- 企業的目的是什麼？企業的存在是否只是為了獲利而生產商品或服務？或者它也可能是一個針對人類品格發展的道德社群？
- 如果你們沒有共同的生活，你們會有什麼樣的生活？沒有任何人的生活不是在社群之中，沒有任何社群不是在對上帝的讚美之中得以維持。

問題

- 貴公司或工作場所的多元化和主觀差異是否受到阻礙、容忍或歌頌？
- 你或貴公司領導者接受他人的信念，同時維持個人的信仰，因而立下哪種榜樣？如何能夠改進？
- 你做了哪些實際的事情，來幫助貴公司或工作場所成為人類品格發展的道德社群？

正直：明辨是非和身體力行

對與錯

幾週前，我有機會在華頓商學院講授道德問題。我談到了我們公司的靈魂宗旨，並回顧了我們的目標如何為「尋求做對的事」和「避免犯錯」提供了來源和標準。這些目標包括在所做的一切事上榮耀主、幫助人們發展、追求卓越，並且實現獲利性成長。

講課結束時，大部分的提問都與人們如何判斷對錯有關。許多學生覺得以上帝作為標準過於宗教性，不是適當的商業道德標準來源，但大多數人都同意需要有一個道德羅盤，而對某件事情是對或錯的檢驗方式是「對受影響的人究竟是有利還是有害」。

我在面試前來應徵管理職位的人時，經常提出「人如何判斷對錯」的問題。應徵者的回答促使我得出結論：許多企業領袖沒有深思熟慮本身的道德或正直來源。

約瑟是雅各的兒子、亞伯拉罕的曾孫，他的故事是一個正直者的故事。因為他深受父親寵愛，嫉恨的兄弟們將他賣去埃及當奴隸。他成為埃及主人忠實和廉潔的僕人和總管，後來被誣陷而入獄，在獄中他也是有耐心的囚犯、有效率的領導者，以及典獄長的好幫手。被召喚到法老王面前時，他始終忠於對上帝的信仰，後來他成了埃及誠實和謹慎的統治者。他處於優越地位，在他兄弟和家庭急需幫助時，成為寬容和慷慨的供養者。

無論在任何情況下，約瑟都可以受到信任。他所愛的上帝是他正直的源頭，他的信仰也反映在他的領導中。他知道什麼是對的，而且確實做到。

蘇格拉底曾說，未經檢視的人生不值得過。當我們在ServiceMaster檢視正直的問題和性格的發展時，我們的結論是，一個人的人性不能完全由其實體或理性本質來定義。它是獨特的，因為它也具有靈性層面。正是這個靈性層面影響我們的正直，以及做下列事情的能力：判斷是非和明辨善惡、做出道德判斷、去愛或恨、發展出為生活提供最終框架的生活哲學，並根據這個框架，在即使沒有明訂的規則或沒有人在看時，也能做正確的事。

亞歷山大・索忍尼辛（Alexander Solzhenitsyn）在他的經典

著作《古拉格群島》（*The Gulag Archipelago*）中下結論說，將邪惡完全逐出世界是不可能的，但辨識並限制邪惡是有可能的。對他來說，真理和限制的源頭來自上帝——一個超越他自己的權威。

基準點

我們的基準點也是上帝，這並不排除那些不相信祂的人，但這確實要求每個人決定：做對的事和避免做錯事的根基是什麼；把事情做好並且以尊嚴和價值待人的理由是什麼。

對 ServiceMaster 來說，這完全與人有關；人們正在做什麼，以及他們作為工作主導者而非受操控者時會成為什麼樣的人。付諸實踐，這意味著：

- 真理不能妥協。
- 我們都有任務在身，沒有人可以做損人利己的事。
- 應該以尊嚴和價值對待每個人。
- 我們致力於為客戶和業主創造價值。
- 我們都必須願意為他人服務。

對擔任公司領導者的我們來說，這也意味著我們應該心甘情願：

- 設身處地替我們所領導的員工著想。
- 接受員工的差異並從中學習。
- 在員工需要時挺身而出。
- 做出承諾，好讓員工可以信賴我們的承諾。
- 在報告績效和承認錯誤方面保持透明。
- 於公於私都要成為正義的榜樣。
- 效法約瑟，無論在任何情況下都能讓人信任。

這些也是我們身為董事會應該用來衡量績效的正直標準。

最後，要記住《箴言》十四章 2 節的話：「行動正直的，敬畏耶和華，行事乖僻的，卻藐視祂。」

思考要點

- 一個人的人性不能完全由其實體或理性本質來定義。它是獨特的，因為它也具有靈性層面。正是這個靈性層面影響我們的正直。
- 善惡之間的界線穿越每個人的心……將邪惡完全逐出世界是不可能的，但辨識並限制邪惡是有可能的。
- 我們的基準點是上帝，這並不排除那些不相信祂的人，但這確實要求每個人決定：做對的事和避免做錯事的根基是什麼；把事情做好並且以尊嚴和價值待人的理由是什麼。

問題

- 貴企業是否有道德行為準則？它的基礎是什麼？它是否適用於你在工作環境之外的行為？應該這樣嗎？
- 招聘流程包括解釋你的行為準則嗎？你如何在公司內部傳達它？
- 你的董事會以何種實際方式讓公司領導者為道德行為負責？

領導力的重點是決策

雖然決策不應該占用領導者的太多時間，但領導者做出或未做出的決策將界定他們的辦事效率。

做太多決策的領導者，無法管理和培養他們的部屬和執行決策的人員。決策往往涉及在替代行動方案之間或是在正確和錯誤的妥協之間做出判斷。在這種情況下，領導者的道德羅盤常受到考驗。決策可能非常不受歡迎，但是做出決策的時間拉得愈長，不見得會比較好。

藝術與科學

有效的決策既是藝術，也是科學。雖然大多數有關管理的書籍鼓勵決策者先了解所有的事實再做出決定，但我們的經驗告訴我們，我們常得處理其他人對事實的解讀。為了了解是否有可能的替代方案和釐清人們理解的範圍，這些都應該受到檢測。這就是為什麼杜拉克建議決策的第一條規則是：「除非存在一些分歧或相互衝突的觀點，否則不應做任何決定。」

另外，授權是有效決策所不可或缺的。領導者應不斷將決策權下放，抵擋一般習慣性由上司決定的傾向。我們應捍衛輔助原則（principle of subsidiarity），並且認清：竊奪一個人做決定的權利或能力是一種罪過。

這是摩西在領導以色列人時，必須盡早學到的重要教訓。摩西沒有足夠的時間做所有的決定，在他岳父中肯的建議下，他將人民分組，分成一千、一百、五十和十個人的小組，並任命可靠和敬畏神的領導者帶領每個小組，賦予他們權限和職責，為他們所領導的人做決策。

決策的第三條規則是，企業領導者應該聚焦於那些更具概念性、且會影響公司整體福祉和方向的一般性和策略性決策。這其中難免會有一些決策是為了解決問題，而在解決這些問題時，務必要設法了解症狀與病因之間的差異。

做決策總有其限制，例如時間、資源或權限。這些限制應該予以考慮和理解，但不要自行強加。

有效的決策不只是要擬定，還要執行。每個決策都必須包含執行方法和衡量效果的方式。在面臨一般性或策略性決定時，通常有一種以上的替代方案可供選擇。最佳決策往往取決於它的執行方式，而非取決於你在決策時對它的認識和分析程度。茱迪和我四十年前共結連理，這件事成為一項絕佳的決策，原因不在於我們結婚時對彼此的了解，而是從那時起我們為了美滿婚姻所做的努力。

人事決策

要判斷領導者的價值體系和優先事項，最佳方法之一是檢視其人事決策。晉升、培養和解僱人員的決策，背後都有故事。領導者決定如何花時間在人們身上，也有故事。

耶穌開始傳揚上帝的愛、寬恕和救贖訊息，不僅是針對猶太人，也是針對外邦人。祂本身受到的時間和地點的限制，分別是三年和以色列的領土。這意味著其他人，亦即祂所揀選、教導、培養和授權的門徒，將會是組織其教會並將祂的信息帶給世界的人。

我們研究耶穌如何使用這短短三年的時間，不僅看到祂與人有關的決定，也看到祂專注於基本問題的能力，包括授權、就枝微末節進行妥協、了解和實行正確之事，以及在生活上以身作則。

董事會現在面臨有史以來所做過最重要的決策之一，那是一項人事決策：任命 ServiceMaster 的下一任執行長。這項決策已經過一段時間的考慮。我們研究了不同人選，並出現一些分歧意見。有些人想花更多時間再做決策，但大多數人都認為現在正是做決策的時候。

我們全都了解這項決策的重要性和策略性質，它將涉及公司未來的方向，而且會對我們聘僱或管理的二十多萬名員工的生活產生影響。我們全都為這項決策禱告，在本次會議結束之前，我們將做出決策。

思考要點

- 做太多決策的領導者，無法管理培養他們的部屬和執行決策的人員。
- 授權是有效決策所不可或缺的。領導者應不斷將決策權下放，抵擋一般習慣性由上司決定的傾向。
- 有效的決策不只是要擬定，還要執行。每個決策都必須包含執行方法和衡量效果的方式。
- 要判斷領導者的價值體系和優先事項，最佳方法之一就是檢視其人事決策。

問題

- 你能減少你的決策次數並增加授權嗎？誰來承擔授權的風險？你可以從企業決策中學到哪些東西，並將之運用於家庭或日後生活的決策？
- 舉例說明貴公司面臨的一般決策。有超過一種以上的方法可以達到這樣的決策嗎？
- 你在生活中做出的最重要決策是什麼？
- 檢視你的人事決定，你是如何制定標準？

誰擁有這個地方？

六個月前，也就是 1986 年底，我們完成了公司所有權的重整，以一種方式讓上市公司用合夥形式營運。這是一項重大任務，由於它涉及與所有權意義相關的一些基本問題，我認為回顧並提醒我們自己過去做了什麼、誰擁有這個地方以及我們對誰負責，是很有幫助的。

組織

在重整過程中，我們將我們的一般股東變成有限合夥人（limited partner），將其股份在紐約證券交易所掛牌上市，成立由一家公司組成的普通合夥人（general partner，或稱一般合夥人）。這家公司的股東包含三十五名高階主管和四名個別主管，為每個營運單位建立附股合夥（sub-partnership），並為收購

Terminix 成立了一個特殊的附股合夥，其中包括其領導團隊和一位前業主的少數股權。

重整的構想來自我們的顧問高盛公司（Goldman Sachs），主要的好處是取消對公司利潤的雙重課稅（亦即，在公司層面的所得稅和股東層面的股利所得稅）。因此，我們能夠大幅增加股東股利，我們估計，未來十年內，公司層面省下的金額應該會超過 7.5 億美元，供投資於未來業務成長。

然而，並非都只有好的一面。股東須支付初始的賦稅成本，而且不再擁有選舉董事的法定權利，因此我們在合夥公司章程中增加一項規定：要求大多數董事必須是獨立董事，而且我們將繼續舉行年度會議，對股東提出的問題和評論做出回應。養老和退休基金以及其他類型的機構投資人則更難持有我們的股份。

這段期間有一些意想不到的事情。我們準備法律文件的工作進行到一半時，律師告訴我們，除了一位公司普通合夥人之外，我們還需要幾位個人普通合夥人。這意味著我們之中有些人將必須加快腳步，為了公司而將我們所有的個人資產置於風險之中。

我們宣布重整時，一些機構投資人開始出脫手中持股；就在我們寄出委託書徵求股東同意時，公司股價下跌。幾天內，一位重要的新所有權人華倫・巴菲特（Warren Buffet）宣布購買我們公司逾 5%的股份，市場開始趨於穩定。之後不久，我們得知主辦銀行不願意繼續進行 Terminix 收購案，我們只得尋找新財源以獲得融資，並使對方相信我們新業務結構的優點，提供 1.5 億美元貸款讓我們購買這家公司，該公司的八成資產包括商譽和客戶關係等無形資產。

然後，正如諸位所知，在我們獲得股東批准並完成重整兩個月後，國會決定修改稅法，取消對經營我們這類型公司的合夥形式所提供的好處。直到在各個委員會面前作證幾個月後，ServiceMaster 和其他公司才說服國會授予十年落日時期，讓我們得以在合夥形式下繼續經營。

所有權

既然我們已經編織了一個複雜的組織所有權網絡，我們如何確定誰真正擁有這個地方？作為董事會，我們如何對我們的所有權人負責？

我們的所有權人包括可以在公開市場上買賣合夥人股份的公眾股東，其中許多都是 ServiceMaster 的長期所有權人，並且在整個重整期間繼續支持我們。其中略多於 15% 是公司的員工、主管和董事，一旦我們獲得額外的法律許可，就會再多增加 5% 的股東，他們因為我們的利潤分享和退休計畫獲得授權，可以擁有合夥人股份。

我們的所有權人也包括為公司普通合夥人承諾資金的三十五名主管股東，以及為了公司利益而以個人資產作為擔保的四位個人普通合夥人；另外還有由 Terminix Partnership 少數股權所代表的特殊所有權人團體。在 ServiceMaster，領導者有一種由來已久的做法，就是巴菲特所稱的在績效上「押注雞蛋（錢）」（betting the egg money），而我們大多數人的雞蛋就放在這個籃子裡。

在這種組織形式下，每個所有權合夥人都對合夥企業的利潤和資產擁有直接的所有權權益，但沒有一個人在公司最有價值的資產中擁有權益。事實上，這筆資產甚至沒有記錄在公司的資產負債表上，它是由我們的員工所組成——這些員工必須對工作職責和客戶服務感到自豪，否則我們將沒有利潤可以談論。從這個意義來說，ServiceMaster 中的每位員工都是所有權合夥人，無論他們是否擁有股份。我們必須繼續提供他們想有所貢獻、並為本身績效成果負責的環境。我們對他們負有責任。

董事會又是什麼情況呢？在某種程度上，以控制權轉化為所有權的情況來說，我們就是所有權人。我們管理普通合夥人，而普通合夥人在法律上控制合夥關係。由於有限合夥人（limited partner）不能投票，我們有權選舉自己為董事。董事長擁有的控制權，比身在公司形式中擁有的控制權更多，但是當董事長行使控制權時，是受託於每一個所有權合夥人在執行這件事。

今年一月的某個早晨，我了解到我們責任的重大，以及我們為員工做了什麼。當時我走進辦公室，趕著跟人約見面。我輕快地走過郵件收發室，結果發生一件事，讓我停下腳步。我們的一位員工股東蘿絲・帕丘斯基（Rose Pachowski）大聲喊道：「你好，合夥人！」新的合夥形式不僅以法律形式存在，而且在我們與彼此合作的方式上也展現活力。

現在回頭來談我所提的問題：誰擁有這個地方？即使經過這次廣泛的回顧，我們仍未確定最終的所有權人。《詩篇》二十四篇1節告訴我們：「地和其中所充滿的，世界和住在其間的，都屬耶和華。」董事會不僅對我們的股東、合夥人和員工負責，也對最終的所有權人負責。正是這個原因，我們尋求在所做的一切事上榮耀主。是的，即使像公開上市的有限合夥公司這樣複雜的結構，也是上帝所擁有「一切」其中的一部分。

思考要點

- 我們最寶貴的資產由我們的員工組成，他們必須對工作職責和客戶服務感到自豪，否則我們將沒有利潤可以談論
- 「地和其中所充滿的，世界和住在其間的，都屬耶和華。」

- 董事會不僅對我們的股東、合夥人和員工負責，也對最終的擁有者負責。正是這個原因，我們尋求在所做的一切事上榮耀主。
- 是的，公開上市的有限合夥公司這樣複雜的結構，也是上帝所擁有「一切」其中的一部分。

問題

- 貴公司的所有權是如何架構的？員工是否有機會分享公司的所有權？
- 員工擁有公司的所有權是否會影響他們的工作和表現？
- 如果上帝確實擁有世界上的一切，那麼這個現實情況應該如何反映在企業的組織和營運方式上？或是反映在你個人的生活方式上？

Chapter 23 價值是什麼？

西元前一世紀，著名的羅馬作家普布里烏斯．西魯斯（Publius Sirus）下結論說：「某樣事物的價值，是人們會為它付錢的價格。」乍看之下，他的陳述似乎顯而易見，但事實上，只使用價格作為衡量價值的方式，可能會誤導人。

1971 年冬天，我以 21.95 美元替內人茱迪買了一個喜姆（Hummel）盤子。它是這家德國著名公司生產的第一款聖誕節盤子，店員向我保證它會增值。最近，茱迪和我參加一場古董拍賣會，令我們驚訝的是，1971 年的喜姆聖誕節盤子拍賣售價超過 1,000 美元。

這個盤子價值顯著提高是怎麼回事？它的材質和功能都沒有改變，但如今卻十分受歡迎。由於原始的模具已經損壞，所以盤子變成限量的，並且無可取代。由供需市場力道決定的價值已經增加，但它的價值是怎麼改變的？

很難在沒有貨幣衡量方式下考慮「價值」的概念，但以貨幣計算的「價值」也可能是相對性的。第一次世界大戰結束後，通貨膨脹重創戰敗的德國，人們得用獨輪手推車慢慢地將一大堆貶值的貨幣推到商店去，才能購買一條麵包。

決定價值

有些政府試圖透過控制商品和服務的價格來穩定經濟波動，雖然這些控制似乎在價值上設立上限，但看起來卻是虛幻的。根據供需定律，有些東西被視為比它們的固定價格更有價值，有些則較不值得。由於官方價值無法照著調整，人們轉向地下經濟，以某種市場導向、「非法」的價格進行買賣。這是相當於無政府狀態的經濟，導致一些經濟學家下結論說：「只有當價格和價值可以自由波動時，才有可能決定真正的價值。」這些經濟學家主張完全自由，不僅是針對市場價格，也涵蓋對商品和服務的全部生產和分銷。

但自由是決定價值和值不值得的關鍵嗎？自由作為唯一的評判標準，它能夠平衡利潤和競爭等共同基礎嗎？在許多情況下，利潤確實是分配資源的有效工具，它提供了管理和指導團體的標準和紀律。自由企業制度仍然是最有效的生產和分銷制度，但它無法解決某些問題，例如，它並沒有解決有利可圖的色情產業問題。不受控制的自由可能會造成破壞和摧毀，必須有某種另外的標準來決定什麼是價值和值不值得。

我們公司的創始人魏德相信有這種標準存在。他擘畫願景，讓尋求在工作中榮耀主、在服務客戶方面制定卓越標準的公司員工有所依循，如今這個願景包含在四個目標中：在所做的一切事上榮耀主；幫助人們發展；追求卓越；實現獲利性成長。人們經常問我們這四個目標是否相容，有些人認為精神價值觀和經濟目標之間存在著不可避免的衝突，他們想知道：人能夠一邊榮耀主，一邊賺取利潤嗎？

對我們來說，問題不僅是有效生產，還包括「為什麼而生產」？我們是將人用於生產，還是為了人而生產？除非正向培養生產者的成長，否則以較少的時間和精力生產更多商品和服務，也只是原地踏步而已。而且那樣做就夠了嗎？我們也必須自問：在這個過程中，上帝的目的或旨意是否已經達成？

要了解真正的價值，我們不能將自己的想法局限於事物的價值，另外也要考慮人的價值。這種真正的價值不是根據一個人的薪酬、資產價值，或所享有的自由程度來衡量。每個人都有其特殊和獨特的價值，而這是由上帝來決定的。

一個更大的價值

以下所述可能是價值的發現，甚至是更大價值的發現。某樣事物的價值，是購買者會為它支付的價格。對古羅馬作家西魯斯來說，這並非陳腔濫調，而是一種現實情況。他原是個奴隸，被人從土耳其的安提阿（Antioch）帶到羅馬，到了羅馬，有個富有的善人買下他並將他釋放。也許他知道恩人為他所支付的龐大金額。「我值那麼多錢嗎？」他可能會如此提問。

一個人價值多少？幾美元？這是人體化學物質的總價值嗎？一個奴隸的價格？優渥的薪資加上誘人的福利？另一個人的生命呢？或者一個人可能值得上帝之子耶穌基督付出生命嗎？以這類說法計算的價值，反映了我們人性的潛力——「每個人都是按照上帝的形象創造出來」這一事實。這種類似上帝的特徵具有獨特的價值，若是投資於他人的生命，這種價值可以倍增。它是創新的來源，並且為超越私利提供了力量和意志。

正如路易斯在《世界的最後一夜》（*The World's Last Night*）一書中所說的：

如果祂選定了，祂不需要食物就能夠奇蹟般地修復我們的身體；不需勞煩農民、麵包師、肉販就能賜給我們食物；不需勞煩學者就能賜給我們知識；也不需勞煩傳教士就能改變異教徒。

相反地，祂只要讓土壤、天氣、動物以及人類的肌肉、思想和意志合力執行祂的旨意……但祂似乎盡可能委託祂創造的生物為祂做事。

這是上帝無中生有、確實按照祂的形象創造人類的方式嗎？

上帝選擇人類實現祂的旨意。我們接受自己的天賦和才能，並在他人的生活中倍增這些天賦和才能時，會獲得更大的價值。所有一切都需要管理，這就是上帝對我們的要求。上帝並沒有要人積累個人財富，因為多給誰，就向誰多取。「你們知道我們主耶穌基督的恩典，祂本來富足，卻為你們成了貧窮，叫你們因祂的貧窮，可以成為富足。」（哥林多後書八章 9 節）

在自由社會中，身為上帝創造的一員，將自己投注在他人身上，既是我們的權利，也是我們深重的責任。

思考要點

- 不受控制的自由可能會造成破壞和毀滅，必須有某種另外的標準來決定「什麼是價值」和「值不值得」。
- 要了解真正的價值，我們不能將自己的想法局限於事物的價值，另外也要考慮人的價值。

- 上帝選擇人類實現祂的旨意。我們接受自己的天賦和才能，並在他人的生活中倍增這些天賦和才能時，會獲得更大的價值。

問題

- 你如何回答「價值是什麼」這個問題？
- 你如何評價貴企業的員工？有沒有超越薪酬的衡量標準？
- 你認為精神價值觀與經濟目標之間有衝突嗎？企業能否榮耀主「同時」賺取利潤？企業應該嘗試賺取利潤嗎？為什麼要嘗試？或者，為什麼不嘗試？
- 你要如何運用或投資個人天分和才能？你為此向誰負責？

Chapter 24

思考你所看到的，或是看到你所思考的？

過去一年，我們的業務經歷了重大變化，在營收、利潤、員工人數和多元化方面均有成長。我們目前在整個北美，以及從喀拉蚩到東京、從安曼到倫敦等國際市場上都有營運點。在領導和管理這家公司時，我們必須明白，雖然成長帶來改變，多元化帶來差異，但我們的核心價值觀和目標必須保持不變。

有些人認為美國人有種「沉悶的思想荒漠」，雖然人們一起吃飯、一起工作、一起開會，但卻很少一起**思考**。今天早上，我希望我們一起來**思考**關於我們的業務、員工和價值觀。

嚴謹思考是我們所能做的最艱難工作。當人們用思考紀律彼此團結，並對自己是誰、要往何處去以及為何一同前往有了共識時，就有可能取得重大成果。

我們的一位董事布萊恩·葛瑞菲斯（Brian Griffiths）在去年

年度報告中提醒我們：「世界因具有強烈價值觀、清晰願景和全心投入的人們而改變。」

我們現在聘僱或管理超過十五萬人，有可能透過這些人對世界產生影響。在這家公司裡，人們會為其他人做出種種決定，而我們是最終為這些決定負責的人。

我們認為自己看見了什麼？

在缺乏價值觀的情況下做決策，就像在黑暗中開槍，人們可能會受傷。我們是否了解員工、知道他們的差異？我們期望他們如何一起努力朝共同目標前進？當我們圍坐在這個董事會議桌並討論公司的成長動態時，我們是否看到我們所思考的？或者我們是思考我們所看到的？

二十五年前，我在法學院的證據課（evidence class）上首次面對這個問題。當時教授正在解釋交叉詢問對判斷目擊者證詞有效性的重要，突然間有一個人尖叫衝進教室，沿著走道往下跑，接著又衝進一個持槍的人。後來槍響，第一個人倒在地上，第二個人奪門而出。當第一個人站起來時，我們意識到這是一個刻意演出的事件。後來教授要我們描述攻擊者：有些人看到一個高大的人，有些人看到一個矮小的人；有些人看到一個黑人，有些人看到一個白人；有些人看到一個男人，而有些人看到一個女人。

我們都是同一起事件的目擊者，但看到的情況各有不同。我們**看到**的是自己的**想法**，而不一定是實際發生的情況。我們受到心中成見的影響，並受到過去經驗的制約。過去的經驗反映了我們的信仰、觀點和偏見。和一般人一樣，我們將自己獨特的主觀加入客觀發生的事情。

基於這種人性傾向，杜拉克建議我們在做出重大決定之前先等待歧見出現。身為管理者，我們很少處理純粹的事實，而較常處理的是人們對事實的看法。歧見使我們有一個更好的機會來檢驗意見的效力，我們最終會以這些意見作為決定依據。

我們達成共識的是什麼？

思想多元化不是我們必須尋求的事情。每個人處理現實情況的方式各不相同；每個心智都會發展出本身極其複雜的想法來看待世界、問題和機會。鑑於這一切思想的多元化，要如何才能夠說服人們共同努力朝相同的目標前進？我們發現，在共同理想上達成共識，是促使人們實現共同目標最有效的手段之一。公司與員工的目標保持一致時，就有機會獲得多元化的合一（unity in diversity）和取得非凡的成果。

在所做的一切事上榮耀主並幫助人們發展，這是目的目標；至於追求卓越和實現獲利性成長，這是手段目標。合起來看，這些目標界定了我們的目的，它們為持續的對話提供了基礎，包括如何理解彼此的差異，並在我們服務他人及創造利潤時，結合我們在成長與發展上所做的努力。我們必須在這些目標的架構內做好和執行我們的決定。例如，我們不能選擇「榮耀主並且不盈利」或是「不培養員工以便盈利」。有時，我們的目的目標和手段目標之間可能存在著緊張關係。這應該促使我們停下來反思，並認真考慮採用可解決緊張關係的解決方案。這需要嚴謹的思考。

我們看待現實情況可能有不同的方式，當我們尋求能夠包容這些方式的解決方案時，服務的意願通常會提供共同的連結。這種先考慮他人而非考慮私利的服務標準，代表了早期基督教會的特徵，他們試著像耶穌一樣思考，並效法祂作為僕人領袖（腓立比書二章；約翰福音十三章）。

我相信這些開場白評論已經促使你們思考公司的業務、員工和價值觀。我們應該認清以下事實：我們全都看到自己所想的，因此出現差異是預料中事。

對我們來說，成長不是一種選擇，而是一項任務。更多成長帶來的變動和差異，將進一步挑戰我們四個目標的理解和實行。請幫助我徹底思考：我們要如何才能夠繼續加強理解和實行這項使命和目的，讓它將我們連結起來，以實現公司的目標。

思考要點

- 當人們用思考紀律彼此團結，並對自己是誰、要往何處以及為何一同前往有了共識時，就有可能取得重大成果。
- 在缺乏價值觀的情況下做決策，就像在黑暗中開槍，人們可能會受傷。
- 身為管理者，我們很少處理純粹的事實，而較常處理的是人們對事實的看法。歧見使我們有一個更好的機會來檢驗意見的效力，我們最終會以這些意見作為決定依據。

問題

- 你如何針對經營事業或解決緊張關係的方式，鼓勵不同的意見和觀點？
- 你是看到你所思考的，或是你思考你所看到的？
- 你是否同意杜拉克的建議，在你做出重大決定時先等待歧見出現？如果是這樣，你如何能夠在歧見造成破壞之前鼓勵這個流程？

- 你如何讓人們接受公司的核心價值觀，使他們能因受激勵而取得非凡成果？你如何能夠使你的個人價值觀與你工作或業務的價值觀保持一致？

Chapter 25
寬恕時刻是忘懷時刻嗎？

舊約聖經《傳道書》的作者提醒我們，凡事都有定期。這包括了寬恕的時刻，但它是否也包括忘懷的時刻呢？

在生活的所有層面（包括商業），寬恕都是必要的美德。在充滿恐懼和恐嚇的環境中，傳遞壞消息的使者，或承認自己犯錯的人頻繁遭到「槍斃」，這種環境會助長不坦誠、鼓勵掩蓋粉飾，並滋生欺騙的細菌。為了擁有一個開放環境以建立信任關係，人們需要知道：即使錯誤或失敗引發的後果必須處理和解決，寬恕還是可以存在。

寬恕和憐憫

我們有時需要客戶的寬恕。我和我們的副董事長查克・斯泰爾（Chuck Stair）有一次前往一間我們所服務的大型醫院，該醫院執行長和營運長認為我們違反了卓越服務的承諾，準備終止我們的合約。進入談話幾分鐘後，我意識到他們已經決定終止合約，不願接受我們補救過失的提議——信任關係已被打破了。

在那一刻，我跪下請求原諒。我沒有要求他們忘記我們的失敗；那不恰當。接著我請求他們憐憫，別給予我們應得的懲罰，然後我進一步懇求寬恕：雖然我們不配得到這個恩典，但請給我們機會修正錯誤和重建關係。

即使他們給我們另一次機會，我們能迴旋的空間也很小。我們必須在三十天內展現大幅改進，否則就會出局。只有當我們的表現超出對方期望並重新建立信任關係，對方對我們失敗的記憶才會消失。到那時，他們對我們失敗的記憶將無關緊要，並且會因此淡忘那項失敗。

他們同意給我們這樣的機會，如今我們已經能夠更長久地為這個客戶服務。

痛苦的經歷

在董事會成員之間以及與公司高階主管的關係中，寬恕是促成公司成功的重要因素。領導者失敗或犯錯時，找出原因和解決錯誤所經歷的痛苦往往考驗公司的活力和生命。

身為執行長，我曾經有過辜負你們並需要你們寬恕的時候。我犯過傷害最大的錯誤是那些導致與同事關係破裂的錯誤。

幾年前，我跟一位高階主管有過這種痛苦經歷。他被解僱，董事會支持我的決定。他的案子最後上了法庭，結果和解，沒有真正的贏家。和解後，我們兩人見了面，並且原諒彼此所犯的錯誤，他問我，他是否可以重回公司，官復原職？我的回答是否定的。我原諒了他，但沒有忘記他所犯的錯。如果他想回來、和我一起努力重建信任關係，我願意在那個基礎上繼續前進，但他回來時不可能官復原職，因我們不可能還保有解僱事件之前彼此擁有的信心和信任。他選擇不在這個基礎上繼續前進。

不久後，我跟公司的一名主管有了另一次痛苦的經歷。他是位卓富成效又很幹練的領導者，他選擇離開我們並為競爭對手工作。他的案子最終也上了法庭，但在最終定案前，他表示希望回到 ServiceMaster。我們見面，並就他離開的原因、我對他投效競爭對手感到失望等等，進行了坦率的討論。這種情況通常是雙方都有錯。我們原諒彼此，並就一項計畫達成協議——他回來後的職位，會讓我們雙方重建信心和信任關係。現在事隔兩年多，這項關係已經恢復。他是團隊中富有成效的成員，與他離職情況有關的記憶已經消失，也已經不重要了。

人際關係的實際情況顯示，將「寬恕」與「忘懷」切割不僅是正常的，也是謹慎的。

據我所知，寬恕和忘懷的行為只有在一種關係中會同時出現——當一個人選擇透過上帝之子耶穌基督的力量和工作，與上帝建立關係時。這種有些人稱之為「重生」的情況發生時，我們的原罪和失敗不僅獲得上帝的寬恕，也獲得祂的忘懷：「東離西有多遠，祂叫我們的過犯離我們也有多遠。」（約翰一書一章 9 節；詩篇一〇三篇 12 節）只有上帝才能創造奇蹟。正如祂會原諒，祂也會忘懷。

思考要點

- 為了擁有一個開放環境以建立信任關係，人們需要知道，即使錯誤或失敗引發的後果必須處理和解決，寬恕還是可以存在。
- 當領導者失敗或犯錯時，找出原因和解決錯誤所經歷的痛苦，往往考驗公司的活力和生命。
- 據我所知，寬恕和忘懷的行為只有在一種關係中會同時出現——當一個人選擇透過上帝之子耶穌基督的力量和工作，與上帝建立關係時。

問題

- 你能想到你需要原諒對方或要求對方原諒的任何關係嗎？無論是在貴公司內部，還是與供應商或客戶之間的關係，請與對方接觸，並開始治療過程。
- 你曾有寬恕但未忘懷的關係嗎？你如何能夠開始與那個人建立信任關係？
- 當你有機會領導他人以及與團隊合作時，是否可以就這個主題進行坦率的討論，並提高寬恕在工作環境中的重要性？

企業是靈性資產的分配管道

在約書亞擔任領導者的最後時日，他召集了以色列各支派，提醒他們，在上帝的幫助下，他們連戰皆捷，現在占領了應許之地，生活在不是由他們建造的城市，吃著不是由他們種植的葡萄園生產的葡萄。接著，他要求他們敬畏上帝並忠實地事奉祂。

這是一種要求，而不是命令，因為上帝並沒有強迫任何人跟隨或敬拜祂。約書亞在結論中強調這一點。「若是你們以事奉耶和華為不好， 今日就可以選擇所要事奉的……至於我和我家，我們必定事奉耶和華。」（約書亞記二十四章 15 節）

工作即「敬拜」

在這節經文中，意為「事奉」的希伯來字是 avodah，它也可以指「敬拜」或「工作」。我們的工作可以成為一種敬拜的形式嗎？商業公司，亦即我們工作、服務客戶、賺錢的場所，是否也能成為我們敬拜的管道和靈性資產的分配工具？

在《第四次大覺醒與平等主義的未來》（*The Fourth Great Awakening and the Future of Egalitarianism*）一書中，芝加哥大學經濟學教授和 1993 年諾貝爾獎得主羅伯特·福格爾（Robert Fogel）追溯了從美國獨立戰爭前一直到現在的美國宗教信仰歷史。他分析宗教和道德價值觀對社會和經濟問題的影響，強調了解和發展「人力資本」的重要性，並下結論說：「當今最大的文化問題，不是缺乏就業機會或經濟資源的分配，目前缺乏的是所謂靈性資源和資產分配。而品格的發展和生活的靈性層面上存在著一片空白。」

所有的人都是按照上帝的形象和樣式創造出來的，擁有選擇的自由。不能光從經濟條件或藉著確認自身的生理需求來理解人，也不能僅憑智力或教育成就來衡量人。我們擁有需要被培養和發展的靈性層面。

馬克思和列寧的大實驗在道德和經濟上破產，已很明確，而自由市場體系在世界許多地方仍然存在且繁榮發展。那麼，我們該如何看待商業公司以及這些公司培養全人的領導力，包括他們的道德和靈性層面？

在缺乏靈性資源分配的文化中，人們如何在工作中找到明確的目標或意義？他們如何培養強烈的道德觀，並將這種觀念延伸到對家庭的照顧，並為是非對錯設定標準？以及，他們如何受到鼓勵去發展：

- 回饋社區的意願？
- 投入多元化的意願？
- 抗拒享樂主義誘惑的能力？
- 紀律意識和對真理的承諾？
- 對持續教育的渴望？
- 對人類尊嚴和價值的尊重？
- 對同事和鄰居的愛心？
- 在領導時具有服務意願？

宏偉的實驗

商業公司能否應付這些需求？它可以成為靈性資產和資源分配的管道嗎？答案是肯定的，這是 ServiceMaster 宏偉的實驗。我們希望在為股東創造利潤和創造價值方面表現卓越，因為如果我們不想按牌理出牌，我們就不屬於賽局的一部分。但我們也在尋求成為協助塑造人格和道德行為的社群，亦即一個開放的社群，在這個社群中，一個人的靈性發展問題、上帝的存在，以及人們如何將個人信仰與工作連結，都是討論、辯論，甚至是學習和了解的議題。在我們公司工作，也可以是敬拜。我們公司提供可以行使這種選擇的背景環境，至於如何選擇則取決於個人。

現在，我作為耶穌基督的追隨者和公司領導者，必須實踐我的信仰。我的實踐方式不會將這種信仰強加在同事身上，而是讓他們可以檢視、了解，且在某些情況下能夠接受，因為他們尋求的不僅是用對的方式做事，還要做對的事。

我有位同事，也是朋友，目前擔任我們國際部門的副總裁，主要負責中東業務——二十八年前，畢夏．穆夫提（Bisher Mufti）以一名來自約旦的年輕移民身分加入 ServiceMaster。他的第一份工作是在我們服務的一家醫院中擔任值第二班的地板清潔工。他擴展了公司的業務，在今年的年度報告中，他發表文章，特別說明作為一名穆斯林，他是如何在公司社群中被接納和栽培。他了解到，我們的業務可以讓不同信仰的員工有一個共通點——這篇文章的開頭是：「我們對待和尊重他人的方式」。由於他見證了公司在他人和自己生活中工作的價值觀，他得出結論說，ServiceMaster 的目標超越了差異和文化背景。他正在學習，並希望繼續更進一步了解上帝是誰以及自己與祂的關係。

多年來我四處旅行，造訪世界各地，我自問：為什麼我有這些機會，而別人卻沒有？為什麼我不是出生在開羅的垃圾山上？為什麼我不是遭受愛滋病殘害的非洲孤兒？為什麼我不是在東歐出生並受到共產主義禍害的衝擊？

我得出的結論是，無論是機會、金錢、財產、教育、才能、頭銜或是職位，我之所以擁有其他人沒有的東西，唯一的原因是：這是要讓我以某種方式使用、分享和投資它，而這種方式將代表我所摯愛上帝的愛和救贖之訊息。

這家商業公司一直是我經歷和表達信仰的主要工具。從沙烏地阿拉伯一位門房的壁櫥到北京的人民大會堂，從清掃大阪的街道到敲響紐約證券交易所的開市鐘，它一直是我的靈性資產分配管道。這家商業公司及其經營所在的市場提供一個絕佳的機會，讓有信仰的人能夠充實這世界，而非陷入這世界的圈套。要做到這一點，我們必須知道「我們相信什麼」以及「我們為何相信」。我們必須透過我們的行動表明本身的信仰，並讓一項事實更為鮮活真實：耶穌來，是為了讓祂所創造和喜愛的人認識祂是神和救主。

思考要點

- 不能光從經濟條件或藉著確認自身的生理需求來理解人，也不能僅憑智力或教育成就來衡量人。我們擁有需要被培養和發展的靈性層面。
- 我必須實踐我的信仰，並且我的實踐方式不會將這種信仰強加在同事身上，而是讓他們可以檢視、了解，且在某些情況下能夠接受，因為他們尋求的不僅是用對的方式做事，還要做對的事。

- 這家商業公司及其經營所在的市場提供一個絕佳的機會，讓有信仰的人能夠充實這世界，而非陷入這世界的圈套。

問題

- 貴公司或工作場所是否鼓勵或阻礙靈性的表達？這些表達能否融入商業活動的情境？
- 你是否認為每個人都有一個應該培養和發展的靈性層面？如果是這樣，商業公司如何在不對員工強加「信仰」的情況下處理靈性層面的問題？
- 你將你的職位和成就視為可以享受的獎勵，還是為了他人利益而需處理的責任？你以什麼實際的方式，用你所擁有的福分來祝福別人？

Chapter 27

一個人需要多少土地？

財富一旦得到，無論多寡，絕不會保持不變。一個人淨資產的實際情況，不是價值增加，就是縮水。

財富可以被創造或耗盡，被取得或揮霍。積累財富可能會讓人很興奮並全心投入。運用財富的方式可以是有效和有益的，也可以滋長貪婪和嫉妒的邪惡欲望，並用向他人作威作福。

創造財富

根據經濟學家亞當．斯密（Adam Smith）的觀點，在自由市場經濟中追求自身利益，最終將透過生產人們想要和需要的商品及服務來增進社會的福祉。用他的話來說，一個人的私利是「由一隻看不見的手引導，最後達到並非他本意想達到的目的」。

相信零和（zero-sum）世界的人聲稱，某些人是以犧牲其他人為代價獲得財富。但是這種觀點沒有體認到，財富可以透過發明和創新來創造。規模經濟是可以實現的，新技術可以促使生產力提高。

商業公司提供了創造財富的工具，雖然這個過程可以是自我導向和負面的，但它也可以是他人導向，且在個人發展上成為一種正面力量。

創造財富可以有趣又有益。身為 ServiceMaster 的領導者，我們樂於從一項涉及日常平凡工作的業務中創造財富，例如清潔地板和地毯以及殺蟲和除草。二十年前股東投資 ServiceMaster1,000 美元，而現今 ServiceMaster 的市值超過 26,000 美元。包括許多員工在內，人們透過持有我們公司的股票獲得財富，公司裡很多人現在是百萬富翁。

感到滿足

但財富如何滋養靈魂？一個人需要多少財富才會感到滿足和快樂，或者感到被上帝所愛和被他人所愛？在向高階主管提出這個問題時，我讓他們閱讀列夫・托爾斯泰（Leo Tolstoy）的短篇小說《多少地才夠？》（*How Much Land Does a Man Need*）。故事是講一個俄羅斯農民，他一生的願望是擁有自己的土地。他東湊西借，終於有足夠的錢買一小塊地。他成功耕種這塊地，但很快就得知，在窩瓦河另一邊可以用更便宜的價格購買更多土地。

於是他賣掉他的小農場，與家人收拾行李，買了一塊 125 英畝的新土地。很快的這個新農場又不敷所需，他得知更遠的西邊可以向邊境部落購買更便宜的土地。因此，他走到天邊之外，終於找到必須交涉的酋長。他手裡拿著一千盧布進入酋長的帳篷，心想這些錢應該夠買一大片土地。酋長微笑說：「你可以擁有你想要的土地。我們的土地價格是每天一千盧布。明天早上你從一個協議好的地點出發，你一天內能走到多遠，我們就賣給你多少土地，但是你必須在日落之前回到出發點，否則你就會失去一千盧布，而且得不到任何土地。」

農民的眼睛閃閃發亮。那天晚上，他一想到隔天可以圈起來的龐大土地，就無法入眠，天還沒亮就起床。酋長走出他的帳篷，他們等待日出，接著農民開始艱苦跋涉。這片土地肥沃，有許多山丘和湖泊可以圈起來。中午時，他停下腳步試圖確定自己的位置；他還沒有到達中間點，但他決定納入一些樹木繁茂的地區、一些更高的山丘。

他又開始走路，繞行另一個湖泊、另一片肥沃的草地，直到下午的太陽照到他為止，那時他已經離開始走的起點很遠了。他加快步伐，和夕陽賽跑，愈跑愈快。他到達起點時整個人倒下，喘不過氣，一命嗚呼。

一個人需要多少土地？只要六英尺，足夠作一座墳墓。

財富生不帶來，死不帶去。耶穌說：「人若賺得全世界，卻喪了自己，賠上自己，有什麼益處呢？」（路加福音九章25節）另外，在《提摩太前書》第六章中，使徒保羅提醒他的門徒，貪財是萬惡之根。他指示提摩太：「要囑咐那些今世富足的人，不要自高，也不要倚靠無定的錢財；只要倚靠那厚賜百物給我們享受的神。」他們若樂善好施，就會在生命中經歷真正的財富。

我們擁有的財富可能受我們控制一小段時間，但它不是我們所擁有的。《詩篇》二十四篇提醒我們，上帝擁有地球及其中的一切，我們只是財富的管理者或受託人。

身為耶穌的追隨者，我的責任是以榮耀和服務祂旨意的方式投資財富。當我成為本公司的一員，參與創造財富時，我需要牢記，公司裡只有「人」才具備永恆的價值。到最後，我們能帶走的只有自己的靈魂。

思考要點

- 商業公司提供了創造財富的工具，雖然這個過程可以是自我導向和負面的，但它也可以是他人導向和正面的。

- 我們擁有的財富可能受我們控制一小段時間，但它不是我們所擁有的，上帝擁有地球及其中的一切。到最後，我們能帶走的只有自己的靈魂。
- 一個人需要多少土地？只要六英尺，足夠作一座墳墓。

問題

- 貴公司是否有利潤分享計畫，好讓那些幫助創造財富的人也雨露均霑？
- 如果你可以為董事會和高階主管指定一本有關創造財富的書籍或故事來閱讀，你會選擇什麼書？
- 你是你所持財富的擁有者還是管理者？你如何使用或投資自己的財富？你要對誰負責？

時間和人才的管理

我們的人生和生活方式是寶貴的資產。

聖經見解

《創世記》告訴我們，上帝創造這個世界，然後休息。當祂回顧祂所做的事情時，祂宣告一切所造的都很好、很值得。祂讓亞當掌管伊甸園，告訴亞當要工作並照顧伊甸園。

《箴言》告訴我們：「手懶的，要受貧窮；手勤的，卻要富足。」「耕種自己田地的，必得飽食；追隨虛浮的，卻是無知。」

使徒保羅譴責懶散，並指出他自己從事帳篷製作是其他人的榜樣。他對歌羅西（Colossae）人民的勸誡是：「無論做什麼，都要從心裡做。」

我們的工作需求不應該被貶低，也不應該區分成神聖或世俗。就像任何本質很好的事情一樣，工作可能被錯用、變得使人上癮，或淪為苦差事；但最終，我們投入工作的時間，是我們花掉或投資的時間。我們花時間，可能浪費我們的生命；而我們投資時間，可能會有預期的回報，且可能得到更高的報酬。

我們是自身時間和才能的管理者，負有投資的責任，若不這樣做，就有違擁有者的信任。《馬太福音》二十五章記載了一個關於才能的比喻，「管理者原則」是其中的重點：耶穌講述有一個主人要到外國，他把三個僕人叫過來，委託他們管理他的錢財，並告訴他們，要管理直到他回來為止。

主人分給僕人錢財，第一個僕人獲得五千，第二個僕人獲得兩千，第三個僕人獲得一千。他們要管理這些錢財，並承擔獲利風險。其中兩個僕人去投資，將主人的錢增加了一倍；但第三個僕人拒絕承擔任何風險，他把錢埋藏起來。

主人回來後，稱讚那些將錢投資出去的僕人，並且責備那個沒有投資的僕人，指責他甚至沒有把這筆錢存入錢莊好讓主人獲得利息。接著主人從第三個僕人那裡把錢拿走，委託給賺到最多錢的僕人。當我們埋葬自己的天賦和才能時，它們對於改善或強化以及發展他人的效用就會喪失，而我們也會失敗。

商業應用

我們的工作場所提供我們發展個人天賦和才能的機會，我們會運用這些天賦和才能去指派任務並實現特定的成果。我們與人合作時，學會從對方的技術和才能中獲益並相輔相成；我們成功（以及有時失敗）時，會更理解本身的優缺點以及可以改進之處。因此，我們的工作可以成為我們成長和發展的持續投資。

我們的工作也應該是對更遠大目標的一項投資。這是 ServiceMaster 的重大實驗。作為一家公司，我們不僅設法加強服務客戶和增加利潤，也致力於成為人類靈魂發展的道德社群。這個社群致力於塑造品格，並提供環境，讓人們可以在其中成長，並發展成為上帝希望他們成為的那種人。在這個社群，可以提出有關上帝的問題。真理不是一個選項，而是一項命令；在這個社群，領導者於公於私都樹立了正直和透明度的榜樣，除了服務自己，也致力於服務他人。麥克·艾薩克森（Mike Isakson）就是這種領導者的絕佳典範，他與 ServiceMaster 的第一項經驗涉及我們購買的一個加盟事業。他們夫婦都參與了這家公司的發展，該公司成為我們最好的加盟事業之一。後來他加入我們公司，幫助擴展旗下的梅麗少女家政（Merry Maids）業務，現在是 ServiceMaster 清潔（ServiceMaster Clean）業務的資深營運長。他獲得許多人的尊重，不僅因為他有商業頭腦，也因為他的正直和致力於建立道德社群。

作為董事會、作為領導者、作為員工，我們都需要在ServiceMaster的工作中投資，而不僅是花費時間和才能。報酬的衡量將不只是在工作場所進行，也在人們改變的生活中進行。

思考要點

- 時間是寶貴的資產，我們連一秒鐘的時間都無法收回。對於時間，我們是「花費」還是「投資」？
- 就像任何本質上很好的事情一樣，工作可能被錯用、變得使人上癮，或淪為苦差事；但最終，我們投入工作的時間，是我們花掉或投資的時間。
- 我們與人合作時，學會從對方的技術和才能中獲益並相輔相成。我們成功（以及有時失敗）時，會更理解本身的優缺點以及可以改進之處。

問題

- 你上班時，是否意識到自己是投資於有價值的目標？如果是如此，那個目標是什麼？
- 你的工作如何幫助你個人的成長和發展？你如何幫助共事者成長和發展？
- 貴公司有更遠大的目標嗎？如何界定和執行它？
- 你如何在工作環境之外投資自己的時間和才能？你如何將這兩類投資連結起來？

29

創新是活力的必要條件

我們如何能繼續成長，並跟上客戶不斷變化的需要和欲望？隨著公司持續成長，我們如何培養創新和創業精神？

杜拉克將創新定義為「創造新的績效面向所做的改變」（change which creates a new dimension of performance）。這種在組織各個層級的改變，對公司的生命和活力至關重要。但要讓這種改變發生，領導者必須提供一個鼓勵和促進人們創新和改進、有犯錯餘地，以及為結果負責的環境。

內部流程

在擔任 ServiceMaster 總裁初期，我從同事那裡學到一個重要的心得教訓：需要傾聽、為變革提供機會、在新績效方面為非預期之事提供空間。

正如許多人所記得的，1981 年我們的大部分業務來自為醫療機構提供支援管理服務。這個領域的成長開始減緩，需要開發新的服務和市場。我們的規畫流程已經準備就緒，但我們還沒有決定將要做出哪些改變，或是將採取什麼樣的新市場方向。

我們的一位區域經理里奇．威廉斯（Rich Williams）和他的上司史都．史坦堡（Stu Stambaugh）有一個完全不同於公司規畫流程的構想。他們建議將我們的工廠運作和清潔服務擴展到包含學區、學院和大學的新市場。這個構想實際上來自一位在當地學校董事會任職的醫療保健客戶，他要求里奇製作一份企畫書，讓 ServiceMaster 提供他在醫院所體驗相同品質和成果的服務。

區域經理回頭向「公司」提出這個新構想，但沒有得到很多鼓勵。我們太過忙於自己的規畫，太過專注於傾聽自己而非客戶的意見；我們要這些經理做好自己的工作，不要管閒事；他們應該繼續開發醫療保健市場，讓我們這些公司高階主管繼續進行策略規畫流程。教育市場不在我們未來的計畫中，因為沒有相同強度的服務需求，利潤率永遠不會像醫療保健市場一樣高。我們認為我們已有正確的答案。

雖然里奇和史都盡職盡責地遵循我們的指示，但他們並沒有放棄向上司推銷客戶所需、且對公司具有價值的服務。他們的培訓、薪資以及參與員工持股計畫，都促成了他們承擔風險並要求改變的意願。

後來，里奇提出一份讓公司無法拒絕的企畫書。他提議，如果到年終時，他不能有從至少四個學區展開業務的銷售業績，並以有利可圖的方式經營這些學區，公司可以讓他的全年薪資與公司的利潤連動，隨利潤的好壞調整。為達成這項目標，他要求成立自己的團隊，與醫療保健部門分開。他負責擬定初步的訓練，專注於教育界客戶的需求。此外，他要求我個人的支持和背書。

里奇、史都和他們的團隊不僅達成這些目標，而且正如你們知道的，我們現在為五百多所大專院校和學區提供服務，年營收逾六億美元。這個市場已成為我們業務成長的主要來源之一，它是我們公司在授權（enablement）和創新上的一個絕佳範例。我們有一位鬥士力挺這項新構想，他對結果負責，並為績效承擔了個人風險。我們將這項新事業單獨分開，避免它被醫療保健部門重要人物的報告和績效規定給壓垮。我們有來自高層的贊助和參與，而且對可衡量的績效和責任歸屬有明確的目標。

透過痛苦經驗汲取教訓

但並非每個構想都像里奇的那樣，並非每個構想都是好的。僅在幾年前，我們曾遭逢痛苦經驗，結束了一個失敗的創新點子。這項業務涉及一個重型工業清潔流程，我們決定使用加盟方式來發展分銷管道。我們將這項業務當作擁有股權的獨立單位來規劃，並且有一個領頭者。我們得到高層主管的贊助，已經界定了預期成果目標，但結果卻失敗了。這個市場不是我們想像的那樣，我們採取的做法錯了。

我們誤判情勢。我們不僅必須掩藏這個錯誤，還要在過程中大幅銷帳。成功的組織很難承認失敗。人們永遠不應該低估結束某件事或埋藏不再可行的新計畫所需要的修煉。

說到這個，我想起幾年前我拜會我們的股東之一巴菲特。我們討論各個業務部門，並談到對未來成長率的預期。正如他經常做的那樣，他以自己的特殊方式提供一些明智的建議。他直率地說：「比爾，有時候重點不在於你有多努力划船，而在於水流的流速有多快。」同樣是創新，在快速發展的市場中，比在始終必須逆流划槳的地方，會有更好的成功機會。

在出現錯誤或失敗時如何與員工互動，是對如何實行和遵守四個企業目標的一項考驗。錯誤或失敗不會讓某人變成輸家。我們不能老是指稱廚房裡有東西潑灑出來，藉此來限制一個人克服錯誤或從錯誤中記取教訓的能力。企業裡的新構想或創新失敗，通常有集體責任，但不能因此對成果和績效的需求有所忽略或妥協。在 ServiceMaster，我們經常說：「如果一件事值得做，一開始做不好是有價值的，但不能永遠都做不好。」

培養人才和開發他們的潛力，既是藝術，也是科學。這是領導者的責任。使徒彼得在耶穌的領導下成長和發展，他的經歷提供了一些有價值的教訓。彼得是衝動的，他往往沒有考慮後果就採取行動；他既堅定又忠誠，但在壓力下，他曾否認他與耶穌的密切關係；他既自我犧牲，也追求私利。但他最終發展成為一位領導者，以及早期建立教會所仰賴的「磐石」。

彼得在寫給教會和那些信仰追隨者的最後一封信中說：

> 正因這緣故，你們要分外的殷勤；有了信心，又要加上德行；有了德行，又要加上知識；有了知識，又要加上節制；有了節制，又要加上忍耐；有了忍耐，又要加上虔敬； 有了虔敬，又要加上愛弟兄的心；有了愛弟兄的心，又要加上愛眾人的心；你們若充充足足的有這幾樣，就必使你們在認識我們的主耶穌基督上不至於閒懶不結果子了。（彼得後書一章 5~8 節）

作為這項事業的領導者，我們被賦予一個呼召，使工作既有成效又富有生產力。我們有責任提供一個創新並能夠蓬勃發展的環境。

思考要點

- 創新是「創造新的績效面向所做的改變」。這種在組織各個層級的改變，對公司的生命和活力至關重要。
- 有時候重點不在於你有多努力划船，而在於水流的流速有多快。
- 培養人才和開發他們的潛力，既是藝術，也是科學。這是領導者的責任。

問題

- 貴公司最近嘗試過最成功的新事業是什麼？最大的失敗是什麼？你從每一次經驗學到最重要的一課是什麼？
- 你如何鼓勵你的業務夥伴每天進行創新？創新在你的個人發展中扮演什麼角色？
- 你上一次根據客戶意見展開一項新計畫或服務是什麼時候？後來結果如何？

利潤的美德

去年的業績數字已經出爐，又是一個豐收年。利潤總額為 1.4 億美元，比一年前成長了 22％，營運現金流超過 2.5 億美元，成長了 50％。截至年底，我們的股東權益報酬率為 47％，這是我們連續第二十四年營收和利潤雙雙成長。在這段期間，我們達到了每年 23％的複合利潤成長率。

儘管有這樣強勁的利潤成長紀錄，今年我們的股價表現卻令人失望，下跌了 11％。為何市場對我們的利潤表現給予較低的評價？市場是否擔心我們的持續成長紀錄可能即將結束？或者這只是投資人的購買興趣再度停頓，因為一般市場在這一年中也經歷跌勢？

利潤的作用是什麼？為何它對我們的成功很重要？

利潤和成功

美國著名經濟學家米爾頓・傅利曼（Milton Friedman）曾說：「企業獨一無二的社會責任，就是利用其資源並參與旨在增加利潤的活動。」這個目標有時被稱為企業理論，通常被建議用來解釋許多不同和獨立的公司所做的決定如何共同滿足消費者的需要和欲望。 正是這種企業自利（利用本身產品來賺錢）和消費者自利（以最低價格購買自己想要的產品）構成了市場。

有位經濟學家將企業在這個「自由市場流程」中的角色，描述為「漂浮在市場關係中，猶如一個團塊漂浮在白脫鮮乳（buttermilk）中」。各位董事可能從未把 ServiceMaster 想成一個團塊，或者把我們服務的市場想成糊狀的白脫鮮乳。但我們客戶的需要和欲望一直在變，如果我們要保持漂浮，就必須順應潮流。我們的盈虧顯示我們是否掌握了這些變動。它是一種衡量方式，可以測出我們共同努力的效果。

但確切地說，利潤是一種美德嗎？

是的，利潤不只是華爾街投資人的記分卡。我們董事會對客戶和員工有承諾，而利潤與這個承諾的真理和價值有著直接的關係。哈佛商學院教授金・海斯科特（Jim Heskett）、尼爾・塞瑟（Earl Sasser）和萊恩・塞辛格（Len Schlesinger）最近出版《服務利潤鏈》（*The Service Profit Chain*），在書中回顧了他們對美國領先的服務業者（包括我們公司）所做的研究，並得出結論：

- 公司的盈利能力與客戶的忠誠度直接相關（就 ServiceMaster 而言，獲得新客戶所花的成本，是保留現有客戶成本的五倍。隨著留客率上升，利潤也會增加）。
- 客戶的忠誠度與提供服務者的忠誠度、承諾、態度和能力直接相關。
- 提供服務者的忠誠度與公司對他們的訓練、發展、培養和激勵直接相關（在 ServiceMaster，這種情況發生在當我們實現公司使命的時候，包括在所做的一切事上榮耀主、幫助人們發展、追求卓越、實現獲利性成長）。

手段而非目的

利潤是實現我們目的目標——榮耀主和培養員工——的工具。當我們精打細算並關注那些產生利潤的人們時，我們將利潤視為一種當責（accountability）的美德，而非一種自我擴張的惡習。這樣做會使我們在領導時保持謹慎。正如《箴言》的作者所說的：「諸般勤勞都有益處；嘴上多言乃致窮乏。」（箴言十四章 23 節）

雖然有些人質疑我們高股東權益報酬率（ROE）的合理性，

但它反映了一項事實：公司最重要的資產沒有記錄在資產負債表上，但是每晚都會走出公司大門。這項資產就是我們的員工。基於這個原因，再加上我們有責任確保公司成果會公平分配，我們必須繼續提供許多員工持股的機會。

在商業上，利潤很容易變成目的目標，但當這種情況發生時，我們就冒著失去公司靈魂的風險。正如耶穌提醒我們的：「人若賺得全世界，賠上自己的生命，有什麼益處呢？」而且，「財主進天國是難的⋯⋯駱駝穿過針的眼，比財主進神的國還容易。」「一個僕人不能事奉兩個主⋯⋯你們不能又事奉神，又事奉瑪門。」（馬太福音十六章 26 節、十九章 24 節；路加福音十六章 13 節）

作為**目的**目標，利潤和財富可以使人上癮和自耗。它們可以成為一個人的神，導致生命中最終目的和意義喪失。這種情況在一家公司發生時，員工的管理就變成一種為了利潤而完成一系列任務的操縱遊戲，結果利益落入高層少數人手中，而創造成果的人們則遭受靈魂萎縮之苦。

在上帝的世界中，利潤是一個被使用和投資的**手段**目標，而不是本身被當作目的來崇拜。它是衡量協力行動價值的標準，是資本形成的來源，是生存的必要條件，是一種當責的美德。

無論是營利公司還是非營利慈善機構，社會上的組織若開支超過收入，就不能繼續運作。這兩類組織都需要從現行營運中產生盈餘，才能擁有營運所需的資金。個人或家庭若有赤字支出，也不能繼續運作，最終結果將是破產或申請社會救濟。利潤可以被使用或被濫用，但不能遭到忽視。

使徒保羅身為基督徒，將許多人生投入商業，並且經歷了參與營利和創造財富的喜悅。我對保羅的忠告心有戚戚焉。「你要囑咐那些今世富足的人，不要自高，也不要倚靠無定的錢財；只要倚靠那厚賜百物給我們享受的神。」（提摩太前書六章 17 節）

思考要點

- 當我們精打細算並關注那些產生利潤的人們時，我們將利潤視為一種當責的美德，而非一種自我擴張的惡習。
- 在上帝的世界中，利潤是一個被使用和投資的**手段**目標，而不是本身被當作目的來崇拜。它是衡量協力行動價值的標準，是資本形成的來源，是生存的必要條件，是一種當責的美德。
- 利潤可以被使用或被濫用，但不能遭到忽視。

問題

- 在你的工作或生活中，利潤如何成為一種美德？
- 貴公司是否提供公平的成果分配？
- 你是否知道貴公司的客戶忠誠度與獲利能力之間的關係？

Chapter 31 數字透露的故事

最近報紙上有一篇關於「企業組織在公布財報上應做正確事情」的報導，報導中以葛培理布道團（Billy Graham Evangelistic Association）為例，稱該團體是當責制的典範，且下結論說，布道團的財務數字一目瞭然，清楚顯示金錢的來源和流向。這種開放坦白應該是每個組織的目標——特別是上市公司和公共慈善機構。

這符合上帝早期叮囑猶太社會要使用「公道天平和公道砝碼」（利未記十九章 35~36 節），以正直之心進行商務所設下的標準。它也反映了當責原則，這是上帝對待人一貫的中心思想。它提醒我們，我們必須對自己的行為和疏忽，以及所做或不做的選擇提出說明（馬太福音十二章 36 節；羅馬書十四章 12 節；彼得前書四章 5 節）。

解釋或正直

我們都同意財務報告中的公開性和當責制目標，但現有的公開財報規則並非一貫清楚。就商業公司而言，有些人提到，「收益」（earnings）的確切定義已變得不明確，我們早就該大幅更改描述收益和表達收益價值的方式了。

我們今年的財務報告就面臨這種模糊性。如各位所知，我們將重整長期照護部門的收益，拿來沖銷其無形資產帳面價值減記。結果，這是我們二十九年來第一次沒有看到收益成長。

在做出這項決定之前，我們與公司稽核人員仔細審核適用的會計規則。我們發現某種模糊性，有人建議採用一種可接受的解讀，這種解讀可以讓公司避免沖減資產並公布收益再次成長。但問題是，眾所皆知，我們若是現在必須出售資產，就無法按照帳面上顯示的價值出售。規則的模糊性無法重新界定我們所知和判斷的實際情況。我們要怎麼公布財報，決定的因素應該是正直，而非針對規則提出讓人接受的解讀。

我們都聽過「數字不說謊，但騙子會玩弄數字」（figures don't lie, but liars figure）這樣的陳腔濫調。針對一項規則或標準所做的解讀，從來都不能夠替代必須遵守這項規則或標準的人具備的正直。話雖如此，規則的明晰以及使會計準則與經濟事實保持一致，仍有很大的改進空間，好讓數字準確地衡量和報告公司的「經濟利潤」和「內在價值」。

好問題

比如說，為什麼只有當商譽屬於收購案的一部分、而且收購價超過具體資產的價值時，我們才必須將商譽當作一項資產來提列？而且之後都必須每年沖減資產，即使服務的客戶數量和一項客戶關係的平均壽命（資產的經濟基礎）實際上增加了？

為什麼一家公司在歐洲和美國的經濟表現相同，卻有可能宣布在歐洲獲利，但在美國虧損？

一家公司基於會計目的公布其收益或淨收入時，為何不一律規定它減去股權資本成本？

董事會能夠針對這些數字向你們說明更完整的故事，你們就比較能夠行使監督職責。為了向你們提供公司經濟績效的「公道天平和公道砝碼」，我們擴充了普遍為人接受的會計報表，納入下列項目：

- 業務單位的比較淨利率和成長率。
- 固定和變動費用的類別，外加數量和成本關係。
- 增額利潤比較和投資報酬。
- 自由現金流量和經濟附加價值的比較。

- 客戶的終身價值，包括獲得新客戶的成本相較於留住現有客戶的成本。
- 內生成長（organic growth）相較於收購成長。
- 非財務比率，包括員工生產力、留客率和員工流動率。

這份清單雖非詳盡無遺，但卻說明了當我們尋求管理和理解業務時，數字訴說的故事有多重要。與大多數公司一樣，既有格式與我們用於管理這家公司的一些數字之間，以及我們能夠並需要向大眾報告的數字之間，存在著落差。我們必須在報告中遵守公認會計準則，並且必須對結果進行檢驗，以確保我們所收集和確認的數字之完整性。規則含糊不清時，我們選擇的解讀必須能夠反映我們對經濟現實情況的最佳判斷。如果允許，我們也必須用自己內部的衡量方式和對經濟成長及價值的解釋，來補充會計結果。

做生意愈來愈複雜，可能使人更難達到公開申報標準以準確反映經濟事實。受到貪婪誘惑的人們也可能利用模稜兩可性，以有害的財報來欺騙股東和其他必須依賴財報數字的人。*

---

* 這項反思是在安隆（Enron）、世界通訊（WorldCom）和其他公司醜聞曝光之前幾年提出的，這些醜聞涉及財務報告濫用，並造成毀滅性後果。整個制度遭到破壞，雖然在修復上已有進展，但判斷力仍然不可或缺，而且正直是不能透過法律制定的，它必須來自內心。

對我們來說，上帝的當責標準以及公道天平和砝碼，需要人們持續做更多的努力，而不只是遵循規則。我們必須一直在我們公布的數字和講述的故事中力求經濟事實。盼望我們在說明自己的績效時，能成為一本「一目瞭然的書」，人人都可翻閱。

思考要點

- 針對一項規則或標準所做的解讀，從來都不能夠替代必須遵守這項規則或標準的人具備的正直。
- 就商業公司而言，有些人提到，「收益」的確切定義已變得不明確，我們早就該大幅更改描述收益和表示其價值的方式了。
- 上帝的當責標準以及公道天平和砝碼，需要人們持續做更多的努力，而不只是遵循規則。我們必須一直在我們公布的數字和講述的故事中力求經濟事實。

問題

- 你了解貴公司使用的會計和報告程序嗎？它們是否反映了貴公司業績的經濟價值？
- 你是否意識到，使用數字管理業務的方式，與向外界公布數字的方式之間存在差異？這些差異是否曾被用來製造人們對公司健全度的錯誤印象？
- 你能從你報告的財務數字中講述貴企業的經濟價值嗎？它們是否顯示可能發生的事情，或者它們只是過去的記錄？

Chapter 32

船隻在港灣中很安全，但那不是造船的初衷

你們大多數人都知道，我最喜歡的放鬆方式是帆船運動。幾年前，我有機會和我兩個兒子和堂兄一起從巴爾港（Bar Harbor）航行到肯納邦克港（Kennebunkport）。這次航行花了四天，其中充滿許多很棒的經歷，像是：在 30 節風速中航行於開放的水域、安然度過劇烈風暴、在緬因州岩岸附近摸索五小時才穿越重重迷霧。

開放的水域

我們可以將航行的心得運用在領導企業上。船隻停泊在港口可能很安全，但頂多只能用來欣賞。只有當船隻在開放的水域中航行，由一位設定方向開往目的地的船長掌舵，它才會有動力。行駛於開放水域中並非沒有風險，你最好了解自己的路線和航點。順風和可怕的風暴都是旅程的一部分，任何一個都可能使你偏離路線。如果你沒有繪製自己的路線圖，迷霧或視線不明會導致混亂和失去方向。

耶穌生平的一些故事和船隻與水有關。耶穌召喚彼得作門徒，不久後就要求用他的船作為一個浮動講台來對群眾講道。後來，耶穌要彼得把船開到水深之處下網捕魚，彼得起初不情願這樣做，因為他整夜捕魚都一無所獲，但他決定再試一次。不久他的網就滿滿是魚，多到溢出來。

彼得很驚訝能捕到那麼多魚，後來他認真聆聽耶穌的指示，從這次經驗學到教訓。未來彼得的工作會改變。他仍將從事捕魚工作，但現在他捕的是人們的靈魂。為了成功，彼得需要進入水深之處，進入上帝摯愛的世界。事實上，彼得最終會將上帝愛的訊息傳遞到猶大之外，到小亞細亞，並一路到羅馬。

商業之船

商業公司好比一艘為滿足客戶需求設計和建造的商船，而不是一艘一直安全停泊在港口以保護其領導者地位的船隻。一心想要將風險降至最低的怯懦領導者，永遠不會將他們的船隻駛進開放水域，因而會錯失成長機會。

我們回顧公司的成長，可以辨識出那些具有風險且已經產生影響的重大決定。我們被迫離開港口進入水深區域，那裡很可能有風力可以利用，但出現惡劣天候的可能性也很高。我們準備前往任何有魚的地方，前往那些對服務需求日益增長的市場。

我們的成功事蹟包括：地毯清潔業務進入加盟經營模式、支援服務外包計畫進入醫療保健和教育市場，以及為屋主開發一系列便利服務，現在我們已經為超過八百萬個家庭提供單項或多項服務。

不過並非所有離開港口的行動都能順利航行。在某些情況下，好比我們的通信業務、工業清潔業務、家庭醫療保健和長期照護業務，我們從未順風或尋獲魚群。但即使遭逢失敗，我們也學到了重要的經驗教訓。

現在是再次離開現有業務範圍的避風港，前往開放水域的時候了。你們接下來幾個月收到的報告，會解釋一些令人興奮的、新增的服務機會，並且透過網路也可以買賣我們的服務。航行到一些新水域並非沒有風險，但留在目前的港口將是更大的風險，因為我們會錯失未來所需的成長。

思考要點

- 商業公司好比一艘為滿足客戶需求而設計和建造的商船。
- 一心想要將風險降至最低的怯懦領導者，永遠不會將他們的船隻駛進開放水域，且將錯失成長機會。
- 航行到一些新水域並非沒有風險，但留在目前的港口將是更大的風險，因為我們會錯失未來所需的成長。

問題

- 如果你或你的領導者願意承擔更多風險，你是否了解貴企業可能進入的新市場？你能做些什麼來鼓勵貴公司在這些地區「試水溫」？
- 是否有一些新的或開放的水域是你應該為個人發展和自我成長而航行前往的？
- 你或貴公司在過去三年中承擔的主要風險是什麼？其中有多少已經失敗？有多少值回票價？收益是否超過損失？未來一年會考慮哪些風險？

Chapter 33

領導力的重點是成為榜樣

我最近讀到一篇文章，內容是關於執行長如何與他們所可能領導的人漸行漸遠。辦公室的擺設、額外津貼和薪酬、隨頭銜和職位而來的傲慢，往往造成執行長與其他人之間的距離，從而導致他們無法界定事實。員工可能不過被視為是損益表中的一個項目，如果減少這個項目，就可能提高盈利。文章的作者建議，執行長若想要成為有效的領導者，就應該走出他們的頂樓辦公室，回到一樓——也就是業務實際發生之處。

在 ServiceMaster，我們鼓勵以身作則。我們鼓勵的領導方式是「走動式管理」——傾聽切實做事的員工說話並與他們交談。我們推動的領導方式，能反映使徒保羅給予提多的建議——以正直和端莊為榜樣領導他的追隨者（提多書二章 7 節）。

杜拉克將這類領導稱之為反映了某種審慎倫理（ethic of prudence），而這種倫理要求領導者在言行上作為榜樣。對我們而言，這個標準延伸到領導者的私生活和公眾生活。

行為榜樣

領導者只有一個選擇：不是領導就是誤導。領導者樹立正確行為的榜樣時，追隨者就能夠起而效尤。但領導者並非完美，我們的言行並不一定是好榜樣。那怎麼辦？

我最近度過了艱難的一個月。我們大多數業務部門都偏離計畫。在參加部門檢討時，我要求負責的經理說明為何他和他的部門績效如此糟糕。會議室裡有很多人，當我更強硬地要求時，我的評論變得更側重於他個人績效的不足。我的評論不得體，這些話應該要在私下檢討時再提出來。後來我意識到這樣的情況，便暫停會議，向對方道歉，並請求原諒。這是一個完美的解決方案嗎？不是，但領導者的生活總是會攤在陽光下，有錯誤出現時，必須承認錯誤並尋求寬恕。

以身作則能鼓勵人們發揮潛力。我們必須信任人們，並期望他們的成就會讓人感到驚喜。我們永遠不應該根據外表或生活方式過快判斷潛能。公司應該是接受和培養多元化的地方。

我有位導師說了一個故事，巧妙地說明這個重點。正如某些公司的慣例，我們會在表揚服務年資時贈送員工特殊別針。我的朋友參加這樣一場活動時，對一位年輕受獎者的反應感到驚訝。這位年輕員工接受這枚設計成領帶針或襟針的美麗純銀別針，然後帶著燦爛的笑容，驕傲地把別針夾到他的耳垂上。

差異既是天生的，也是後天的。我們應該避免就任何所謂的階級思考、回應、發起、創造或運作方式達成一般性的結論。帝普雷（Max De Pree）在《僕人的領導思維》（*Leadership Is An Art*）一書中將多樣性視為人類價值的一個要素。他的結論是，人是上帝混合配製的，是按照祂的形象創造的，是一個引人注目的謎團，而且不可避免是多樣化的。

有些差異涉及信仰或宗教問題。雖然我是基督徒，但我的角色並不包括作為公司領導者界定或捍衛我的信仰。相反地，我應該試著理解他人的差異，並在我分享和實踐我的信仰時，融入與我共事的人。這意味著我應該開放接受對話——作個良好的聆聽者，而非總是尋求一個平台來鼓吹我的信仰。

平易近人的高階主管

以身作則包括讓別人能找到我們。我們高階主管辦公室的設計會不斷提醒你這個原則：沒有人關起門來做事，到處都是玻璃，證明我們對開放式辦公室和開放思想的承諾。沒有一個高階主管辦公室有對外窗，有對外窗的區域屬於辦公室裡每個人。

我一直有傾聽的習慣，在傾聽的過程中，我經常與各個部門或服務單位一起喝咖啡。有一次在咖啡時間結束時，一位年資逾二十五年的員工提出幾個簡單但直接的問題。

「比爾，告訴我，我的工作穩固嗎？我的股票價值會升還是跌？我能信任你的接班人嗎？」

隆恩．米克爾（Ron Meeker）提出這三個問題代表著一個疑慮：他自己和家人的安全保障。有人提醒你這個基本需求，是件好事。這些問題讓我有很好的機會分享有關公司願景的一些事，我也提醒隆恩，未來取決於他的績效以及 ServiceMaster 團隊其他成員的績效，我沒有辦法做出可以掩護低落績效的承諾。

隆恩是運務員，在促使產品和設備準時出貨以服務客戶方面，是一個重要的連結。他和我透過對話，對彼此有了新一層認識，航運部門的其他兩百多人也聽到這段對話。

為了以身作則，我們必須知道自己相信什麼以及為什麼相信。我們永遠無法擬定道德準則，將所有一切該做或不該做的事列出來，但我們的目標（亦即在所做的一切事上榮耀主、幫助人們發展、追求卓越、實現獲利性成長）提供了一個共同架構，讓人了解孰是孰非並且切實執行。

思考要點

- 領導者只有一個選擇：不是領導就是誤導。領導者樹立正確行為的榜樣時，追隨者就能夠起而效尤。
- 以身作則能鼓勵人們發揮潛力。我們必須信任他們，並期望他們的成就會讓人感到驚喜。我們永遠不應該根據外表或生活方式過快判斷潛能。
- 以身作則包括讓別人能找到我們。我們
- 辦公室的門應該永遠敞開，應該走出去和組織各層級的人員交談並聆聽他們的意見。

問題

- 在你的組識裡，執行長和基層員工之間有多少層級？高層主管是否容易接觸到基層員工？如何能夠改善可接觸的程度？
- 貴公司總部的建築風格如何闡述你的領導概念？是否展現開放式環境和開放思想？
- 你的企業成立宗旨是否被奉為企業和個人決策的道德指

南？它是否提供了一個架構，讓人能了解什麼是正確的事並切實去執行？

- 你的工作生活是其他人可以仿效的榜樣嗎？

Chapter

34

雙手裡有什麼？

美國企業家亨利・福特（Henry Ford）曾說過：「為何我實際上想要的只是一雙手，卻總是得到整個人？」人不光只是完成工作的工具，也不只是損益表中勞動力成本的一個項目。杜拉克曾表示，管理員工是一種人文（博雅）藝術，內容完全與社會科學有關：了解組織內同事的行為，以達成共同成果。

戴明則堅決認為，人類天生都具有內在動機、自我價值、尊嚴和求知欲。戴明是主張在工作場所取得品質成果的權威，他的結論和杜拉克的結論，以及上帝對人的看法是一致的。《創世記》記載著創造的故事：「神就照著自己的形象造人；乃是照著祂的形象造男造女。」

按照祂的形象

無論頭銜、職位、種族、性別、才能或智慧，每個人都是以尊嚴和價值以及自己的潛力特徵被創造出來的。這意味著我們不應該聚焦於一個人不足、失敗、罪惡或錯誤的選擇，而是應該聚焦於「上帝之愛如何克服這些不完美」的重要性。

「神愛世人，」約翰提醒我們，「甚至將祂的獨生子賜給他們，叫一切信祂的，不至滅亡，反得永生。因為神差祂的兒子降世，不是要定世人的罪，乃是要叫世人因祂得救。」（約翰福音三章 16~17 節）雖然這個邀約需要個人接受才能夠完成，但上帝之愛的廣度和深度，在祂所採取的行動中反映出來：祂不定世人的罪，而是赦罪和接納。

只有人——而非機器——可以對意外事件做出反應，並以卓越的績效令客戶驚喜。只有人能夠服務，只有人能夠領導，只有人能夠創新和創造，只有人能夠愛和恨。只有人才有可能在道德價值觀的架構內增進他們的知識，修改、適應和行使判斷力。

那麼，所有這些原則如何影響我們經營這項事業的方式，以及實現「在所做的一切事上榮耀主」和「幫助人們發展」的目標？

管理並非只是一種操縱遊戲——在完成一系列營利任務後，利益落入高層少數人手中，而創造成果的人則遭受靈魂萎縮之苦。我們永遠無法支付給員工他們真正值得的酬勞，但有時我們會表現得好像自己辦得到。我們支付員工薪資和獎勵時，可以將金錢標準當作員工價值的唯一衡量標準。但如果我們真心支持員工，就不能將人類價值的衡量標準限制在人們的報酬上。相反地，員工的價值也必須根據他們在別人生活中做出多少貢獻來認定，包括他們的配偶、子女、同事、雇主和客戶。

在我們公司，我們需要鼓勵每位員工積極參與提升客戶服務品質，以利潤擁有者的身分參與，並參與同事的發展。當我們成功實現這個人事三角原則，就是滋養了公司的靈魂，並將員工視為工作的主體，而不僅是工作的客體。

奧爾加和卡穆拉

幾年前我造訪當時的蘇聯，獲邀以「服務業和我們公司的目標」為題在幾間主要大學作一些演講。在列寧格勒（現今的聖彼得堡），我遇到了奧爾加。她的工作是在我下榻的大飯店用拖把擦洗大廳。在一位通譯的協助下，我問她有關她的工作和所用的工具。她有一個用來放拖把的木製 T 型架、一塊汙穢的抹布和一桶髒水。她實際上沒有清理地板；她只是將灰塵從一個區域移到另一個區域。她工作的本質是在最長的時間內持續最少的運動量。奧爾加並不為她從事的事情感到驕傲，她的工作沒有尊嚴。要她為結果負責或是為結果感到驕傲，還差得遠。

從我們的簡短談話中，我可以看出奧爾加擁有尚未開發的潛力。她的兩房公寓夠乾淨，或許直接在她家地板上吃東西都沒問題，但她的工作是另一回事。沒有人花時間教她或為她準備清潔裝備，也沒有人對她這個人感興趣。她迷失在一個漠不關心的系統中，工作只是一項必須完成的差事。

幾天後，我訪問我們公司服務的一家倫敦醫院，並且認識了其中的某個工作人員，我把這次經歷與我和奧爾加的交談做了比較。那天院方向一位女領班卡穆拉介紹我是 ServiceMaster 的董事長，卡穆拉便給我一個大大的擁抱，並為她所得到的培訓和工具感謝我。她帶我去看她清理過的病房，並詳細說明打掃前和打掃後的情況。她顯然以自己的工作自豪。她對結果負責，在工作上有尊嚴。為什麼？因為有人很重視，所以教導她並肯定她的成就。她期待她的下一個成就，並發展出一種感恩的態度。

奧爾加和卡穆拉有什麼差別？是的，一個出生在莫斯科，另一個出生在新德里；是的，她們的國籍和語言不同，但她們的基本任務相同。卡穆拉為自己所做的事感到非常自豪，她的工作使她對自己和他人有了正面看法；奧爾加對自己的工作一點都不感到驕傲，而且輕視自己的潛力和價值。

在工作上被看待的方式，造成了兩人的差異。在一個個案中，雇主的任務包含員工的發展；在另一個個案中，雇主的目標是以工作為幌子，提供一個忙碌的差事。在一個個案中，當事人是在工作中能自主的人；在另一個個案中，當事人被工作操控——減損成只是一雙手，而非完整之人。

我們合作的人可以愛或恨、創造或毀滅、為善或作惡。他們正在成為某號人物的過程中。他們是全人，而不僅僅是一雙手或是做生意的成本。當我們參與協助發展他們的品格、他們的靈性，以及他們即將成為的人物時，我們就是正在做上帝的工作。

思考要點

- 人不光只是完成工作的工具，或是損益表中勞動力成本的一個項目。
- 無論頭銜、職位、種族、性別、才能或智慧，每個人都是以尊嚴和價值以及自己的潛力特徵被創造出來的。
- 如果我們真心支持員工，就不能將人類價值的衡量標準限制在人們的報酬上。相反地，員工的價值也必須根據他們在別人生活中做出多少貢獻來認定。

問題

- 除了金錢方式外，貴公司如何肯定和獎勵員工的價值？這些做法是否會提升士氣？
- 貴公司員工是否獲得在工作中取得成功所需的工具和訓練？
- 貴公司的成立宗旨是否包括員工的發展？貴公司的員工被視為在工作中被操控的人，還是能自主的人？
- 你以什麼方式將工作中或工作之外的人視為「不只是一雙手」？

Chapter 35 在橫向關係中敬愛上帝

要了解上帝或祂所創造的人的本質，就必須考慮「愛」這個主題。聖經說「神就是愛」，祂透過將祂唯一的兒子耶穌送到世間，好讓我們可以透過祂而活。我們也被告知，如果上帝如此愛我們，我們應該彼此相愛（約翰一書四章）。我們若彼此相愛，上帝的愛就在我們裡面得以完全了。

因此，當我們在與上帝的垂直關係中體驗到愛時，它應該被轉化為我們與他人的橫向關係。當我們這樣做，就更能夠明白和了解上帝和祂的方式。這種對他人的愛，會接受他人的差異，並想方設法變得具有建設性。愛的忍耐沒有邊界，愛的信任沒有終點，愛的希望不會破滅，這種愛的目的是為了服務。

不常見的訊息

在 ServiceMaster，有很多以橫向方式愛上帝的機會，這種機會每天都在增加，因為我們目前在 45 個國家服務，管理超過 25 萬人。

包括「愛護和關心人」的經營企業理念並不常見。我們的首要目標「在所做的一切事上榮耀主」在商業界很獨特，但是經過適當了解之後，它獲得了預期的認可。

去年有幾個場合讓我想到這件事，包括：代表公司擔任在瑞士舉行的世界經濟論壇（World Economic Forum）小組成員、參加日本合作夥伴的葬禮，以及在北京人民大會堂的新商業模式國際經濟研討會（International Economic Symposium on New Business Models）中任教時。

世界經濟論壇專題討論會的主題是「商業公司的社會責任」，雖然其他的小組參加者皆談到企業的慈善和環境責任相關議題，但我談及公司培養員工的責任。不僅是員工在工作中所做的事情，還包括他們在工作場所、家裡、禮拜堂、社區中成為什麼樣的人。公司內部擁有一個充滿愛、關懷和服務的環境，對這種發展至關重要。

我獲邀參加日本樂清（Duskin）株式會社會長駒井（Komai）的葬禮，不是因為他的公司是我們的商業夥伴，而是因為我是他朋友。葬禮是按照佛教和神道教傳統進行，所有其他參加者都是那些信仰的祭司或僧侶。我傳達的訊息是：一個有信仰、希望和愛的人，是上帝對我的愛和祂對世界之愛的個人見證。我談到，即使在極度悲傷和失落時，這種愛如何提供一種希望之路。這種愛的訊息一直是我和這位朋友生前多次討論的主題，只有上帝知道他是否有回應。

我參加北京研討會，促成的因素也是我之前在當地發展的友誼。ServiceMaster 正探索在中國營運的可能性，我們曾與中國多位政府官員會面，他們對我們的商業模式很感興趣，特別是我們強調人的尊嚴和價值，以及我們兩個首要目標（在所做的一切事上榮耀主、幫助人們發展）在經營業務上扮演的角色。他們感興趣的背景情境是，他們從毛澤東的名言中得到的教導。

結束演講並回答問題時，我承認市場經濟往往對人不夠敏感。它在道德上是中立的，無視善惡，是物質主義和非個人的，可以造成巨大苦難，也可以產生巨大祝福。我建議，市場經濟需要一個超越這個制度本身的道德參照點；否則它有可能使靈魂破產。

我接著解釋說，對 ServiceMaster 員工而言，上帝以本身形象創造人類，這個參照點是上帝和祂對人類的愛。我以耶穌追隨者的身分，分享了這對我意味著什麼，以及為何祂的生命、死亡和復活對我來說是上帝之愛的終極榜樣。我也提醒聽眾，雖然孔子在發展人類關係中教導義、禮、智、信等美德的重要性，但另一位偉大的思想家耶穌用獨特的方式對待有意義的生命，改變了人們的心靈和思想：祂拿一盆水替門徒洗腳時，教導門徒並樹立「奉獻自己」（give thyself）的榜樣。

道德社群

我們的商業模式證實，公司不僅可以創造利潤，還可以成為塑造品格和行為的道德社群、作為社會穩定力量的社群、專注於人類自尊和價值的社群，以及有靈魂的社群。

演講結束後，一些與會者來找我，並進一步詢問如何在工作環境中愛護和關心人們。其中有一個人提到，這可能是第一次有人在人民大會堂中提到耶穌基督。

幾個星期後，我收到來自我們一位中國員工舒章的信，她曾擔任我的隨行口譯員。舒章寫道：

我在中國長大，當時宗教遭到禁絕，《毛語錄》成為我們的聖經。我五、六歲時就會背誦毛澤東的語錄，甚至用它來評判和訓斥鄰里的孩子們。

毛澤東說：「為人民服務。領導者應該是人民的公僕。」這與 ServiceMaster 的一些道德標準吻合。我深思之後，看出使一個人極為成功而另一個人不幸潰敗的差異。ServiceMaster 的起點必須是榮耀主，而且每個人都是帶著尊嚴和價值，按照祂的形象被創造出來。

ServiceMaster 的目的是作為一棵高大樹木，根深柢固，可以廣泛地滲透到人們日常生活的幾乎每個角落。它仍在成長，而我也仍在尋找。

舒章是個有思想的人。她一直面臨生活抉擇，這些抉擇不僅僅是從事工作和謀生，而是關於她會成為什麼樣的人以及如何能夠與上帝連結。她仍然在尋找，但她在工作環境中感受到被接納和喜愛。她正在學習和成長。

她的情況說明了我信仰的另一個原則：雖然上帝的愛無所不包，但祂的道路是獨一無二的。祂創造我們，讓我們有做出自身選擇的權利，而不會強迫我們選擇祂。與祂建立關係的選擇，取決於每個人的自由意志。

思考要點

- 一般很少看到包括「愛護和關心人」的企業經營理念。我們的第一個目標是在所做的一切事上榮耀主，這在商業界是獨一無二的，但如果得到正確的理解，它就會得到期待的認可。

- 我們的商業模式證實，公司不僅可以創造利潤，還可以成為塑造品格和行為的道德社群、成為社會穩定力量的社群。
- 雖然上帝的愛無所不包，但祂的道路是獨一無二的。祂創造我們，讓我們有做出自身選擇的權利，而不會強迫我們選擇祂。

問題

- 當你想到貴公司時，會想到像「愛」、「關懷」和「道德社群」這樣的詞彙嗎？如何能夠在工作環境中加強人際關係的道德面向？
- 貴企業有哪些實用的計畫，可以幫助人們在工作中成長和發展？工作之外的成長和發展又如何？
- 你認為耶穌替門徒洗腳時所展現的僕人式領導模式，可以應用於商業環境中嗎？它是否適用於你領導和培養人才的方式？

摸著承諾

做生意無非就是創造和留住客戶。我們做生意時，會向客戶做出承諾，承諾我們的產品或服務將如何滿足他們的需要和欲望，或解決他們的問題。相信承諾，是銷售的關鍵，而持續相信——我們有時稱之為「信任關係」——是保有客戶的關鍵。

為了讓信任關係發生，必須有一種方式讓客戶摸著承諾（to touch the promise），或者像哈佛商學院教授西奧多．李維特（Theodore Levitt）所說的，「使無形事物有形化。」

第一印象

在我們的業務中，「產品」就是服務。績效不僅包括完成任務，也包括回應客戶的看法和滿足客戶對舉止及外表的期望。這種「摸著承諾」取決於員工如何與客戶互動，並了解客戶。

人們常常根據表面來判斷實際情況。我們服務的價值，有一部分是根據服務提供者如何呈現自己來評斷。雖然公司和品牌的一般聲譽很重要，但若客戶信任我們的員工，多半就會做出「購買」的決定。發展客戶關係跟求愛很類似。

客戶一旦購買，如果我們未滿足他們的期望，他們也能輕易不買。提供服務的挑戰之一是，客戶可能無法充分意識到自己獲得良好的服務，直到出現犯錯或表現不佳的時候。

一群哈佛大學教授最近進行的一項研究證實了我們的經驗——犯錯時，當場修正錯誤是很重要的事。客戶認定的良好服務，有很高比例涉及以下情況：出現問題或錯誤時，服務提供者獲得公司授權，在事發當時加以解決，而不是在事發後幾天或幾週內解決。

客戶關係是一項資產淨值，通常不會被記錄在公司資產負債表上，但它是公司最寶貴的資產之一，必須持續維持。

客戶滿意之後，必須達到全新的期望水準，否則就可能會失去客戶。「你最近為我做了什麼？」是一個現實的需求。它應該激勵那些銷售和服務人員達到更高的客戶滿意度。

客戶對服務和價值的看法可能是主觀的，但也是非常真實的。我永遠不會忘記一位 ServiceMaster 經理打給我的電話，他需要人協助他留住一位客戶。我們的團隊已經盡一切可能滿足這位客戶，但徒勞無功。由於我們的人員要打包行李並在當週週末離開醫院，我打電話給醫院的執行長並約定第二天會面。

會面之前，我使用我們的「品質精良商數」（QPQ）標準徹底觀察整間醫院，以便針對我們的工作品質取得最新的評估數字。設施的評等為 97%。我以為我已經為與執行長的會面做好準備，但介紹完後，我發現她對我們的 QPQ 標準不感興趣。她每週一早上六點在醫院巡視時，就對服務品質做出評斷（對我們來說，這是棘手的時間，因為週末輪班的班次很少，而訪客的人數很多）。她對我們績效的看法，是根據週一早上的巡視。就是在那時，她將她付錢購買的無形事物有形化。我們了解她如何摸著我們的承諾時，就能夠滿足她的期望並留住客戶。

持久的關係

除非我們與客戶建立信任關係，傾聽、學習和因應他們不斷改變的需求，並使員工能夠在錯誤發生時修正錯誤，否則我們將無法建立長期的客戶關係。

根據服務項目，我們的留客率從 50% 到 95% 不等。平均而言，獲得一位新客戶和留住一位現有客戶，成本是五比一。留客率與企業獲利能力之間有直接關聯。

除非做出改變和改進，否則包括關係在內的一切，都會隨著時間而變壞。我們必須不斷使我們的服務帶來的好處具體化，藉此使客戶持續摸著我們的承諾。

能夠摸著承諾非常重要，不僅在商業中，在生活的其他領域中也是如此，包括我們的靈性生活。我們怎麼認識上帝？我們怎麼知道祂既慈愛又強大？我們能相信祂的承諾嗎？我們能摸著那些摸不到的嗎？

對於身為基督徒的我來說，上帝降世為人的奇蹟以及耶穌的一生就是這些問題的解答。在試圖認識和了解上帝時，我掌握了耶穌生命的歷史事實，包括祂說了什麼和做了什麼。祂的一生已由先知所預言，祂在世上，與祂一起生活的人見證了這個奇蹟。自那時起，千千萬萬接受祂的愛與救贖的人們也證實了這個奇蹟。

透過上帝的兒子降世為人，上帝讓我們摸著祂，並摸著祂赦罪和接納的應許。

《約翰福音》第一章對這種使無形事物有形化的奇蹟作了最佳描述：

太初有道，道與神同在，道就是神。這道太初與神同在。萬物是藉著祂造的；凡被造的，沒有一樣不是藉著祂造的。生命在祂裡頭，這生命就是人的光。光照在黑暗裡，黑暗卻不接受光。（約翰福音一章 1~5 節）

約翰繼續說：

祂在世界，世界也是藉著祂造的，世界卻不認識祂。祂到自己的地方來，自己的人倒不接待祂。凡接待祂的，就是信祂名的人，祂就賜他們權柄作神的兒女。這等人不是從血氣生的，不是從情慾生的，也不是從人意生的，乃是從神生的。道成了肉身，住在我們中間，充充滿滿地有恩典有真理。我們也見過他的榮光，正是父獨生子的榮光。（約翰福音一章 10~14 節）

思考要點

- 客戶關係是一項資產淨值，通常不會被記錄在公司資產負債表上，它是公司最寶貴的資產之一，必須持續維持。
- 平均而言，獲得一位新客戶和留住一位現有客戶，成本是五比一。留客率與企業獲利能力之間有直接關聯。
- 除非做出改變和改進，否則包括關係在內的一切都會隨著時間而變壞。我們必須不斷使我們的服務帶來的好處具體化，藉此使客戶持續摸著我們的承諾。

問題

- 談到履行對客戶的承諾，你以什麼方式「使無形事物有形化」？
- 你的一線員工是否獲得授權，在問題出現時加以解決？
- 你有沒有想過如何能夠摸著上帝？

Chapter 37
三股合成的繩子不容易折斷

兩個人總比一個人好，因為二人勞碌同得美好的果效……有人攻勝孤身一人，若有二人便能敵擋他，三股合成的繩子不容易折斷。（傳道書四章 9、12 節）

聖經上所記載這項歷史悠久的原則，是所有組織行為的核心。這就是為何人們會聯合起來共同完成一項任務，因為同心協力可以更有效果。這只是老生常談，還是我們業務中的實際情況？

基本需求

在本公司，我們一起工作，彼此互為肢體。每個人都有不同的天賦、才能和資源，由於一個人的價值彌補了另一個人的不足，結果不僅有可能提高產能，還可能相互學習。

雖然我們在不同層級的權限和責任範圍內工作，但我們全都是擁有個人身分和價值的人。當我們彼此尊重，我們自身也會成長。一個人的發展和公司的成就，應該像手和手套一樣關係緊密，合作無間。

我們都明白，有組織的努力行動可以完成更多事情，但失敗仍然會發生，而且企業組織不一定都會獲得卓越或正確的成果。人們可以為同一家公司效勞，但並不總是團結合作。工作場所可能成為一種敵對的環境，將勞工與管理階層分割。自身利益可能被提高到團體或團隊的利益之上。

企業組織的結構可能變得官僚和欠缺效率，頭銜或職位代表的階級可能嚇阻創新、坦誠和溝通。公司以犧牲員工為代價來爭取某些財務或其他績效目標，個人可能會受害或無法發展。

那麼，我們該如何做，才能既達成財務目標，又在建立夥伴關係以利人員發展上達到標準？

今年年度報告的主題是「服務中的合作夥伴」。我們剛剛經過作為一家上市合夥公司的第一年營運。從法律來說，我們公司的所有者，包括華爾街的投資人和我們的員工，是分享公司成果的平等合作夥伴。但是界定所有權的法律條款並不能使合夥企業變得具有效能。有效合夥企業的核心是，人們以團隊成員的身分一起工作，整合各種差異以達成一個共同目標。

由於公司規模龐大且服務多樣化，從日本東京到巴基斯坦喀拉蚩，我們遍及許多地方的團隊成員戴著各種不同的工作帽。雖然我們都隸屬於某個團隊，但工作會細分到許多小團隊，這些小團隊負責對客戶提供服務。員工並非只是**待在團隊裡**，他們學會**以團隊方式運作**，個人弱點會由其他成員的優點所彌補，就能發展出一種不容易被打破的競爭優勢。

良好結果

這種競爭優勢對我們來說是什麼樣子的？想想看：

服務的客戶人數持續成長——現在已超過 200 萬人；

員工的承諾和忠誠度反映在其員工持股上——現在有超過 90％的流通股票；

員工服務年資——平均年資超過 15 年；

在為客戶提供新的和不斷變化的服務方法上持續創新——今年有超過十項創舉；

服務人員有晉升管理和領導職務的機會——目前逾 50％的營運經理來自服務階層。

所有這一切，以及更多事項，確認了夥伴關係和團隊合作已產生良好的成果。

我們是相互承諾、擁有共同價值觀且相互信任的人。我們是員工目的一致的公司。我們的目標是：「作為不斷擴展和重要的市場工具，在員工為別人服務和貢獻之際，供上帝用來在員工的生活中發揮作用。」這句話提醒我們：

- 人們總是在「成為……」的過程中。
- 成長不是一種選擇，而是一項任務。
- 我們是一個市場「工具」，工具的存在是為了被驅動，而非只是為了是被誇讚。
- 上帝是我們工作的最終源頭和中心。
- 人是我們公司的核心和靈魂。
- 人在學會服務他人的時候成長和發展。

是的，兩個人總比一個人好，因為二人勞碌同得美好的果效……有人攻勝孤身一人，若有二人便能敵擋他，三股合成的繩子不容易折斷。

思考要點

- 一個人的發展和公司的成就，應該像手和手套一樣關係緊密，合作無間。

- 員工並非只是待在團隊裡，他們學會以團隊方式運作，個人弱點會由其他成員的優點所彌補，就能發展出一種不容易被打破的競爭優勢。
- 成長不是一種選擇，而是一項任務。

問題

- 貴公司員工是以團隊方式工作嗎？他們是否服務於同一家公司，但彼此之間不用合作？
- 公司員工如何在他們一同創造的成果中做出貢獻？
- 如果你為公司打分數，你會在以下類別中打幾分？你會增加或刪除任何類別嗎？
  + 服務的客戶人數成長。
  + 反映在員工持股上的員工忠誠度。
  + 高階主管和員工的平均年資。
  + 晉升機會。
  + 在提供新服務和產品方面持續創新。

Chapter 38 利潤成長以曲線而非直線出現

我們經常使用線性思考來評估是否有進步或創造出價值，例如長高幾公分、長大幾歲。企業透過創造更多營收而增長規模，但人們並非全都以同樣的速度長高，企業也不會以同樣的速度成長；更大並不一定意味著價值更高。

生命週期

人和企業都有生命週期。聖經提醒我們，我們的實際壽命長短是不確定的，而且相對較短。

其實明天如何，你們還不知道。你們的生命是什麼呢？你們原來是一片雲霧，出現少時就不見了。（雅各書四章 14 節）

至於世人， 他的年日如草一樣。 他發旺如野地的花， 經

風一吹，便歸無有；它的原處也不再認識它。（詩篇一〇三篇15~16節）

求祢指教我們怎樣數算自己的日子，好叫我們得著智慧的心。（詩篇九十篇12節）

現實情況是，我們的肉體每天都步向死亡。在我們一生中的不同時期，生命的能量一直在消散，而且消散速度或生命的不確定性會更快發生。

有信仰的人相信死後的生命。耶穌說：「神愛世人，甚至將祂的獨生子賜給他們，叫一切信祂的，不致滅亡，反得永生。」（約翰福音三章16節）

使徒保羅給哥林多教會的信寫道：「我們有這寶貝放在瓦器裡，要顯明這莫大的能力是出於神，不是出於我們。」（哥林多後書四章7節）

對基督徒來說，耶穌的轉化工作勝過生命的不確定性，並提供了一種永生復甦和更新的屬靈生活。

對商業公司來說，不確定性是一種生活上的事實。如果不導入轉型變革、創新服務或新的生產方法，成功很難持續。

杜拉克對創新的定義是：為了創造一個新的績效層面而做的改變。他鼓勵有組織地放棄那些對未來不會有貢獻的事情——他稱之為昨日的經濟支柱（yesterday's breadwinner）。

管理文獻有時將「持續再造的需求」描述為S形曲線（sigmoid curve）。為了使企業繼續成長，必須在第一條曲線達到頂峰之前，導入由新業務或創新所代表的第二條曲線。這些曲線代表企業、產品或服務項目生命週期內的利潤成長模式。

如果一家企業成功，就會出現一個它將達到最大盈利能力的點，也就是「最佳接觸的甜蜜點」（sweet spot）。此後，利潤率將下降，反映出收益遞減法則。你很難知道自己何時處於甜蜜點，但良好的邊際收益和邊際成本曲線將告訴你前進的方向。為了保持整體業務的獲利成長，必須不斷導入新的曲線。有些會失敗，有些會成功。企業愈大，就愈需要成長潛力更大的新利潤曲線。

成長週期

在目前的成長週期中，我們決定減少、停止或出售某些業務部門，因為市場情況變動且成長潛力降低，或者這些部門不再符合公司的核心策略。在某些情況，我們必須耗費金錢；在某些情況，我們有獲利。但每個例子中的共同決定因素，一直是重新關注核心業務並增加新的服務項目，以擴增我們在客戶可支配金額中所占的比例。

儘管我們的股價在過去二十年達到19%的整體報酬率，但這段期間我們的本益比範圍介於12至40倍。我們的股價成長並非每年都是走升的平滑直線。事實上，它是分階段進行，有時在高峰，有時退一步再前進三步。

看看我們年度報告中的十年摘要，或回顧以往的年度報告並檢視過去二十年的經驗，你可以清楚看到，在 1983 年以及十四年後，也就是 1997 年，我們的淨利率（profit margin）達到甜蜜點。在相同期間，我們也經歷了最高的本益比和股票的對應值。每一次，當我們達到甜蜜點時，我們也已失去業務上的一些成長動能。

這對未來意味著什麼？我們面臨的挑戰是利用我們的核心服務能力、分銷管道、營運領導力和員工發展的優勢，為客戶提供含有多項服務優點的單一來源解決方案。我們這樣做，將擁有無可匹敵的競爭優勢。我們將改善公司的內生性成長、生產力和獲利能力。我們繪出這條新曲線時，將繼續利用補強式收購（tuck-inacquisitions），並在收購策略性的新服務平台時，增加額外的曲線。結果應該是：投資報酬率遠超過資本成本，以及本益比提高。

我們在開始這些新曲線時並沒有占上風。如果沒有有效實施這些新曲線，我們的成長將會減緩，我們的股價將會受到影響。

我們處於策略的岔路口，必須導入新的創新曲線，並增加業務線，以取代極成功的事業所面臨的不確定性。

思考要點

- 對商業公司來說，不確定性是一種生活上的事實。如果不導入轉型變革、創新服務或新的生產方法，成功很難持續。
- 管理文獻有時將「持續再造的需求」描述為 S 形曲線。為了使企業繼續成長，必須在第一條曲線達到頂峰之前，導入由新業務或創新所代表的第二條曲線。
- 企業愈大，就愈需要成長潛力更大的新利潤曲線。

問題

- 你能為貴公司指出「昨日的經濟支柱」（亦即那些雖然成功，但不會以同樣速度為未來成長做出貢獻的計畫）嗎？
- 貴公司正在開發哪種「第二曲線」（亦即新業務或創新），以便在不斷變化的市場中實現獲利性成長？
- 貴公司是否正在趨近或遠離最大獲利能力的「甜蜜點」？是否正在評估現有業務並據此實施變革？
- 你有想過你自己的生活需要第二條曲線嗎？

Chapter 39

時機是時間的禮物

最近我有機會與米哈伊爾．戈巴契夫（Mikhail Gorbachev）私下會面。我參加《財星》五百大企業的執行長高峰會，他是主講人。晚上會議結束時，我回到飯店房間，發現他助理留下的一張紙條，詢問我是否能在隔天早上九點與他會面。

那天晚上我就寢時，心裡疑惑為什麼前蘇聯領導人想跟我說話。這會是 ServiceMaster 的機會嗎？這位**改革重建**和**開放政策**的推動者，是否想討論促使自由市場制度在俄羅斯運作的相關問題？他願意談論上帝嗎？

第二天早上，我去502室，遇到奇異電氣（General Electric）的執行長傑克．威爾許（Jack Welch），他在我被迎入時正要出來。戈巴契夫帶著溫暖的笑容伸手迎接我。在通譯的幫助下，我們談了半個多小時關於在俄羅斯做生意、ServiceMaster 的故事、我們公司四個目標的意義、我的個人信仰旅程，以及他母親的信仰。

會面的原因很快就明朗了。他正在找工作，想為美國公司提供諮詢。這個場面有點諷刺。戈巴契夫，這個一度是世上最有權勢的人之一，前蘇聯共產黨總書記，正在找工作。他毫無顧忌地在西方市場中推銷他的服務。他閒著沒事，認為這是一個與商界領袖會面並達成交易的絕佳機會。

恰當時機

時機（Kairos）是一個具有雙重含義的古希臘詞。採取任何行動都有一個恰當或指定的時間，而時間本身就是機會。這兩個含義反映在《聖經》的一些經文中。保羅在《羅馬書》五章寫道：「因我們還軟弱的時候，基督就按所定的日期為罪人死。為義人死，是少有的；為仁人死，或者有敢做的。惟有基督在我們還作罪人的時候為我們死，神的愛就在此向我們顯明了。」

然後在《以弗所書》五章中，他寫道：「你們要謹慎行事，不要像愚昧人，當像智慧人，要愛惜光陰。」

對 ServiceMaster 而言，現在是恰當時機。我們之前為住宅市場提供新服務和擴大分銷管道所做的投資已開始奏效；我們目前在所從事的每項服務上是主要業者，綜合服務項目占了房屋屋主所需服務的 50％以上。雖然我們在醫療保健和教育市場的管理服務業務成長速度較慢，但它仍然提供穩定的收入和現金流量來源。

為了讓住宅市場的動能和不斷成長的需求得到善用，現在是我們邁向整合程度更高的商業模式、並為客戶提供單一來源解決方案的時候。我們處於有利地位，這不僅是一個恰當時機，我們也有充裕的時間完成這項任務。只不過歲月不待人，時間正在不斷流逝中。

組織變革

充分利用機會是一項重要的管理任務。我們必須克服當前組織結構的壁壘和樊籬，也必須改變經營方式。為了實現這個目標，我們必須引導、訓練、激勵和鼓勵員工培養創造性和適應性。

業務領導者必須做好準備，傾聽組織各個階層的聲音，並從中學習；他們必須做好準備，在言行上成為榜樣和老師；他們必須是變革者，不以過去的成功自滿，而是由願景所驅動。這個願景不僅要將單一服務項目的利潤增至最高，還要聚焦於客戶的需求。

作為一家公司，我們必須為員工提供不斷擴大的機會，讓他們擁有成果以及有犯錯餘地的包容環境。因為沒有寬容，就不會有人努力追求潛力和冒險改變。我們的員工必須接受這種改變的需求，並將它視為與我們的使命和目的一致，包括在所做的一切事上榮耀主、幫助人們發展、追求卓越，並實現獲利性成長。我們的目標不是一個成功的公式，但它們確實為我們的工作提供了目的，也是我們變革和改進的理由。

時間是寶貴的資產，我們將兌現這項資產的報酬，因為我們利用它來自我完善並繼續為客戶增加好處。

思考要點

- 時機（Kairos）是一個具有雙重含義的古希臘詞。採取任何行動都有一個恰當或指定的時間，而時間本身就是機會。
- 你們要謹慎行事，不要像愚昧人，當像智慧人，要愛惜光陰。
- 領導者必須是變革者，不以過去的成功自滿，而是要由願景所驅動，這個願景不僅要將單一服務項目的利潤增至最高，還要聚焦於客戶的需求。

問題

- 現在是你或貴公司的恰當時機嗎？
- 你如何能更有效利用工作或與家人共度的時間？
- 你是變革者嗎？你認為在帶領他人接受變革時，最有效的做法是什麼？

願景與控制

當我們持續擴展業務時，董事會應該檢視的問題是：一家不斷成長的服務公司如何設置管理控制以跟上業務步伐，同時又不致威脅到創業熱情，同時也不影響對每位客戶的個人化服務承諾。

可能有人會說，不能用對製造業的方式來看待服務業，或認為不能用對待製造業工人那種嚴管方式來對待服務業人員。但如果沒有某種當責制，就無法期待持續成長。如同現在某些公司所做的，你或許可以透過開發快速擴張的服務市場來實現成長，但你能否在擴張之後生存下來？

如果你對擴展中的送貨系統設置多項嚴控措施，它們可能會改變氣氛，亦即改變服務產品周圍的「組合」，如此一來，這個系統對客戶或系統運作所需要的員工就不再具有吸引力。

如果你不太注意控制，你可能會發現送貨服務變得愈來愈無利可圖、欠缺效率和不可靠。

這種困境的解決之道，在於「願景」和「控制」這兩個管理要素的相互作用。

「願景」決定了一個組織為什麼要做它正在做的事情，「控制」則決定了企業實現目標的方式、時間、地點、內容和執行者。成功的管理不僅取決於建立願景和控制，也取決於用某種方法使願景和控制產生關聯，透過這種方法，兩者會有影響力塑造彼此。

這種相互作用在服務組織中尤其重要。製造業是在產品比較的基礎上競爭，和製造業客戶不同的是，服務業客戶通常會根據業者不同的管理政策以及如何了解和滿足客戶需求，來區分業者。

例如，在醫療保健業，目前非常重視成本控制，但這個領域大多數人更關注的是病患照護的品質。他們的定位主要還是愛心，亦即對人們及其需求的關切。

一個服務組織若是以具有成本效益的計畫接近這個市場，但卻對人們沒有可信的關切氛圍，那麼這個組織幾乎一定會引發負面反應。它將無法向客戶展現，組織知道這個領域的人們是如何看待自己的工作，以及人們覺得自己需要何種幫助來完成工作。

願景

沉醉在快速擴張的興奮情緒時，很容易將願景的責任授予「持續成長」本身。從表面上看，大家異口同聲說「我們想要成長」充滿了熱情，但致力於成長真的具有遠見嗎？它是否向客戶展現了承諾？它是否曾在獲利的狹隘目標之外，描繪過任何社會責任感？

客戶和整個社群都關注自己的願景，而非我們的願景。我們公司的願景必須承諾對他們提供好處，才具有意義，但必須以可靠的方式來做。願景也必須顯示對業務實際情況的了解。「我們會竭盡一切取悅你」不是願景，而是廣告。客戶知道努力總是要付代價的。如果你保證不遺餘力，那誰將承擔這筆費用？顧客？股東？員工？還是社群以某種社會或環境的方式支付？

在 ServiceMaster，我們的願景包含規劃流程和為未來設定的目標。但願景也體現了我們的目的，或專注實現這些目標很重要的原因。為了以兼具遠見和務實的言詞表達這一點，我們建立了四個公司目標：在所做的一切事上榮耀主、幫助人們發展、追求卓越，並實現獲利性成長。藉著努力實現這些目標，我們盡忠職守，對外支持客戶，對內則對員工和股東負責。

願景要有意義，不能只是光說不練，一定要實際去經歷。它必須成為企業不可缺少的一部分，必須被納入全組織人員的專業和個人生活中。這是健全的管理控制發揮作用之處。

控制

企業中的控制被定義為一種正規系統，用於建立目標、衡量和評估績效、採取行動，以改進績效。另一個定義是，控制是確保獲得資源並有效使用以實現組織目標的一種手段。

雖然這些定義具有實用性，但也強調控制的無情和監管本質。就像引擎上的調速器一樣，它們似乎意圖限制組織，而非讓組織自由加快轉速。這樣的定義並沒有顯示太多企業精神，包括想以願景為基礎並快速成長。請記住，挑戰是在於找到讓願景和控制相互影響的方式。這種定義中的願景在哪裡？

為了在控制中注入願景，我們需要重新定義控制是什麼。不是強調控制如何進行調節，而是談論控制如何協助建立團隊和創造某種共享企業感。高層主管無法有效制定控制措施，他們的職責反而應該是透過控制來打造公司願景；管理階層的責任不是讓員工循規蹈矩或遵循程序，而是幫助他們在公司的願景中進行分享。

如何才能夠實現這一點？針對建立團隊，最重要和最有效的控制機制是教育和訓練。這些是我們業務的一大部分。我們從事培養人才的行業，投入大量的時間和精力來教育和訓練員工。

重點不在於我們想要員工做什麼，而在於我們想要員工成為什麼樣的人。

針對管理控制，建立團隊的另一個必要元素是規畫。為了透過規畫建立團隊合作，公司必須讓員工參與決定組織的未來，以及他們自己在實現未來所扮演的角色。有些研究調查了關於管理控制對績效品質和工作滿意度的影響，結果顯示，成功的控制系統涉及三個因素。第一，控制措施必須釐清組織對旗下員工的期望。其次，必須建立控制措施，使員工覺得對自己的工作情況有某種影響。第三，控制措施必須包括正式和持續的評估，在這種評估中，員工可以預期良好績效，以及針對失敗採取修正措施以符合期望，並以此贏得獎勵。

只關注這個控制流程的負面層面，會是一項錯誤，而僅強調對員工的期望以及對未能符合期望而採取修正措施的承諾，會適得其反。但這可能是當「控制」一詞被使用時最常得到的後果。諸多研究一再顯示，績效最佳者會因為控制措施的積極方面受到激勵。獎勵的承諾在作為激勵因素時尤其重要，但是一個人在決定完成組織所需要的任務時所感受到的自主程度，在激勵頂尖績效上也扮演重要角色。如果人們覺得在團隊中獲得重視，就會受到鼓舞，能夠以創意方式實現願景，對成果做出貢獻。

此外，人們可以被激勵到一種程度，使他們的願景和組織的願景一致。這種個人與組織目的之間充滿活力的結合，無法用規條制定出來，人們必須得到引領，方可看見將個人目標與公司目標連結起來的優勢。那麼，如何才能夠實現這種夥伴關係？領導者該如何著手建立團隊？

關鍵在於領導者在維護個人和公司正直所做的努力。在建立控制措施的最初過程中，公司領導者必須了解並明白自己的價值觀和目的；他們也必須了解，加諸他們身上的要求和責任，來自公司的價值觀和目的。他們必須使這兩者相容。這種相容會產生一種共同願景意識，並使他們可以成功傳達給下屬。

這種領導者的個人熱情，將吸引其他人加入這個令人興奮的事業，它也會影響員工對既定控制措施的回應方式。領導者的奉獻精神將不僅限於工作。如果他們對自己所代表的事物是真心誠意的，那麼奉獻將成為一種生活方式。在這種情況下建立的控制措施，作用將等同於領導者為了實現願景而加在自己身上的紀律。員工不會將這些紀律視為控制措施之下的摩擦，而會將其視為獲得成功與自我實現的準則，就像領導者奉行的準則。

「因為神賜給我們，不是膽怯的心，乃是剛強、仁愛、謹守的心。」（提摩太後書一章 7 節）

思考要點

- 「願景」決定了一個組織為什麼要做它正在做的事情，「控制」則決定了企業實現目標的方式、時間、地點、內容和執行者。
- 成功的管理不僅取決於建立願景和控制，也取決於用某種方法使願景和控制產生關聯，透過這種方法，兩者會有影響力塑造彼此。
- 願景不能只是光說不練，一定要實際去經歷。它必須成為企業不可缺少的一部分，必須被納入全組織人員的專業和個人生活中。
- 如果人們覺得在團隊中獲得重視，就會受到鼓舞，能夠以創意方式實現願景，對成果做出貢獻。

問題

- 貴公司的訓練是僅僅專注於工作技能，還是包括品格發展？
- 貴公司的員工是否感覺自己是受重視的團隊成員？他們

對公司的願景有發言權嗎？公司的成功是否有他們的一份？

- 你認為哪些控制措施可以有效管理你的業務職責？
- 你如何將控制與願景連結起來？
- 你如何實踐公司的願景？

Chapter 41 像螃蟹一樣橫向移動

我在辦公桌上擺了一隻大銀蟹，提醒我本公司前執行長韓森給我的明智忠告：「比爾，有時你必須像螃蟹一樣橫向移動。」

當我們為了收購 Terminix 而與其他業者陷入激戰時，韓森給了我這樣的建議。Terminix 由一人所持有，我們提出很好的價格，並納入一項條款，讓 Terminix 的管理階層可以根據未來的利潤，參與分享股權獲利計酬（equity earn-out）。

談判桌上還有其他更高的出價，但沒有一家納入管理階層的獲利計酬條款。原東家想要公平對待管理階層，但一直逼我們提高收購價格和做出其他讓步。這項交易快要與我們失之交臂，我們已經達到在第一階段能夠支付的貸款限額。

為了完成交易，我們必須修改獲利計酬的條款，並納入讓原東家參與獲利計酬的條款。我們像螃蟹一樣側身移動並完成目的目標。

現在從後見之明的角度回顧過去十二年，可以看出這是個絕佳的決定。Terminix 如今的規模已經增加逾兩倍，是我們整體獲利能力的最大貢獻者之一。Terminix 的領導人才為公司做出重大貢獻，包括協助建立消費者服務業務，並提供過去五年擔任本公司執行長的人才——卡洛斯・坎圖（Carlos Cantu）。

妥協問題

為了實現目標，我們有時不得不橫向移動以便前進。繞行可能是必要的，有時候我們必須妥協，半條麵包總比沒有麵包強。

「妥協」是一個令人感到不安的字眼。當我們妥協、讓步、付更多錢或拿到更少東西時，我們必須一直提出的問題是：妥協是得到半條麵包，還是得到半個嬰兒？

在《列王紀上》第三章，《聖經》記載兩個女人來到所羅門王面前，這兩個女人都聲稱自己是同一個嬰兒的母親。身為明智的裁決者，所羅門王建議妥協——將嬰兒劈成兩半，兩個女人各拿一半。其中一個女人為了挽救嬰兒的性命，立即表示反對，並撤回請求。嬰兒劈成一半就根本就不是嬰兒了，所羅門確認這個女人才是真正的母親，並把孩子判還給她。

若我們在道德標準上妥協，或是在上帝的律法限制之外橫向行動，就是在將嬰兒劈成兩半；另一方面，若我們接受縮水的經濟報酬，或冒險用更少的人力或資源完成更多事情，以求得妥協時，我們是在拿半條麵包，而非一無所獲。

眾所周知，自由市場體系在道德上是中立的。它不關心道德選擇，無視善惡，是唯物論和沒有人情味的，有時甚至是不人道的。它可以造成人類的不幸，但也可以帶來重大的福分。

我們領導本公司，力求在盈利和創造價值方面表現卓越。我們做出實際和務實的必要決定，但也尋求成為發展人格的道德社群。我們尋求做正確的事情，避免做錯誤的事情，原因在於我們公司的首要目標——在所做的一切事上榮耀主。

有些人認為，神聖與世俗應該分立；在世俗的行為中，沒有上帝可以扮演的角色。這是英國前首相東尼．布萊爾（Tony Blair）的一名助理在接受某報社記者採訪時的心態，當時記者詢問他有關布萊爾的信仰，他說：「我們這裡不談上帝。」

幾個月前，我也提出相同的問題。那時哈佛商學院的一個班級討論 ServiceMaster 的個案研究，我也參與討論。課程結束時，有位學生問我一個關於我們公司首要目標的問題。她對於將宗教和商業混為一談表示擔憂，並詢問如果無法完成想要在業務中完成的所有任務，是否就乾脆剔除第一個目標。後來，我讓她參與關於商業道德以及她如何判斷是非的討論：她的最終權威

（ultimate authority）或參照點是什麼？

經過漫長的討論，她最後同意上帝可以成為道德權威的來源，也同意討論我們首要目標扮演的角色，有助於她更深入思考這個主題，也許光是這個原因，我們的首要目標就可以作為一家商業公司的合理目的。

我們的首要目標讓我們在業務中持續面對問題，並讓人因此想到上帝，包括：是否有上帝存在？如何確定某件事是對還是錯？要妥協的決定是半個嬰兒，還是半條麵包？

如果要妥協的決定使領導者的利益比其他人的利益優先，那通常會導致半個嬰兒的情況。把自身利益置於他人利益之前，這不是上帝做正確之事的方法。

「耶和華啊，求祢將祢的道指示我，將祢的路教訓我。」（詩篇二十五篇4節）上帝可以用曲線繪出直線，而且祂的道路夠寬，可以橫向行動或做出不致超出其是非標準的妥協。

思考要點

- 當我們妥協、讓步、付更多錢或拿到更少東西時，我們必須一直提出的問題是：妥協是得到半條麵包，還是得到半個嬰兒？

- 眾所周知，自由市場體系在道德上是中立的。它不關心道德選擇，無視善惡。
- 上帝可以用曲線繪出直線，而且祂的道路夠寬，可以橫向行動或做出不致超出其是非標準的妥協。

問題

- 你用什麼作為判斷是非的道德指南針？在決定行動方式是對是錯時，貴公司應該使用什麼標準？
- 接受妥協是生活和事業裡常見的事情。你用什麼標準來決定所提議的妥協最後會讓你拿到「半個麵包」或「半個嬰兒」？
- 你會怎麼回答那位哈佛大學的學生？

Chapter 42 上帝的問題

阿曼德・尼可里（Armand Nicholi）博士是哈佛醫學院的精神病學家和教授，也是我的朋友，他教授一門比較佛洛伊德和路易斯世界觀的課程。無神論者佛洛伊德和基督徒路易斯在一些問題上有不同的看法，但他們都同意生命中最重要的問題是上帝的問題。

我們在經營公司時會提出這個問題，進而尋求答案嗎？我們生活和工作的意義和目的又是什麼？

普遍的關切

英國大文豪莎士比亞在《皆大歡喜》（*As you like it*）劇作中說，世界是一座舞台，我們只是演員，各有自己的入場和出場，以及在出入場之間嘗試許多不同角色的機會。對某些人來說，古希臘戲劇面具反映出喜劇和悲劇，定義生命的這兩個極端，在戲劇結束時什麼東西也沒有留下。一位成功企業領袖最近的評論，透露了關於走到生命盡頭的某種絕望。「我現在已進入暮年，卻仍不清楚生命的意義。我可以告訴你，名與利毫無價值。」

如果我們不能知道生命結束時會發生什麼事，又要如何了解生命的意義？如果我們對上帝的問題沒有答案，我們又如何能夠回答這個問題？

我向公司高階主管團隊提出這些問題，其中包括要求他們閱讀約翰．厄普代克（John Updike）的一篇短篇小說。《鴿子羽毛》（*Pigeon Feathers*）敘說一位少年尋找一個問題的答案：上帝和靈魂不朽的問題。他問父母和當地牧師這個問題，得到的答案既虛幻又不完整，令他感到沮喪。後來某天下午，他父母叮囑他拿槍去撲殺穀倉裡氾濫成災的鴿子，他完成任務時，花了一些時間檢視死去鴿子的羽毛、翅膀和光滑身體細密的構造。他得出結論：世上一定有個最終的設計者，也就是上帝，祂賜予生命，並照看人的不朽靈魂。

索忍尼辛（Alexander Solzhenitsyn）1978 年在哈佛畢業典禮演說中指出：「每個人是否是自己命運的主宰？或者世上有一個地位更高的權威，亦即我們都應該對其負責的神？」這個問題是將我們的世界一分為二的問題。在無神的共產主義制度之下，索忍尼辛飽受痛苦，他將這種制度描述為一場沒有信仰、人道主義意識的災難，而且沒有針對是或非的絕對參照點。

德國神學家迪特里希．潘霍華（Dietrich Bonhoeffer）是另一個無神制度「第三帝國」（The Third Reich）的受害者，他在被處決之前的幾個月中，在牢房裡寫道：

> 誰堅定不移？只有這種人——他的最終標準不是自己的理性、原則、良心，甚至自由或美德，而是當他被上帝呼召要順服且負責任地行動時，因著信心和對上帝絕對的忠誠，已準備好要犧牲一切——這個扛起責任的人努力將自己的一生擺上，回應神的提問和呼召。這種負責任者何在？

負責任者

在 ServiceMaster，我們的目的是成為那群負責任者的一分子，並在市場中提出上帝的問題。我們的首要目標是在所做的一切事上榮耀主，這不單單是美國福音派思想的表達、基督教信仰的反映，或是提倡宗教所包覆的自由企業制度；它是對這個超越所有文化、經濟和政治制度的基本問題的回應。它是肯定的說法：上帝賜予的標準、上帝賜予的限制、上帝賜予的自由和上帝賜予的價值確實存在。

我們不會提出上帝的問題作為排外的基礎。相反的，這是我們促進多元化的原因，因為我們明白，形形色色的人都是上帝混合配製的。無論信仰、種族、性別、頭銜、職位、任何其他差異或被冠上什麼標籤，每個人都是照著神的形象創造出來的，具有尊嚴和價值，也具有屬於自己的卓越潛力。人們在自己的工作中表現出色時可以榮耀上帝，甚至在行使上帝賜予的自由排斥上帝時也一樣。

作為一家公司，我們承認，上帝賜予的標準、限制、自由和價值觀，會讓商業行為出現特定的界限。以下是我們的「不可變項目」，不接受這些項目的人就不屬於我們的社群：

- 真理不能妥協。
- 每個人都有工作要做，沒有人應該藉由犧牲另一個人而獲益。
- 應該以尊嚴和價值來對待每個人。
- 我們工作是為了業主、同事和客戶的利益，而不是為某些特定團體的利益。
- 每個人都必須願意服務。

有些員工希望 ServiceMaster 更直接地宣揚耶穌基督的福音，其他員工則擔心，公司的言詞過於基督化，有時候可能會對那些不同意耶穌為上帝之子的人產生寒蟬效應。

我們公司的角色是提出上帝的問題，而不是回答它。答案必須來自個人。就我自己而言，我相信，「因為到神面前來的人必須信有神，且信祂賞賜那尋求祂的人。」（希伯來書十一章6節）我相信《馬太福音》七章7節的應許：「你們祈求，就給你們；尋找，就尋見；叩門，就給你們開門。」

以下評論是我們一位經理投書到《華爾街日報》「讀者來信」單元的內容，它可能最能反映我們公司對提出上帝問題的理解。

克里斯托先生完全正確。我們的社會變得太世俗、太不道德。我們的經濟生活可能是社會最世俗的一面。幸運的是，我為一家非世俗的公司工作，而且以它為榮，這公司就是ServiceMaster。我們的公司目標提及上帝，為我們的商業行為提供一個道德架構。

身為這家公司的領導者，以及將個人工作視為神職和上帝的召喚，我相信我應該為所有願意接受祂寬恕禮物的人，成為祂的愛與解讀訊息的大使。這是「行動通常勝於空談」的訊息，作為董事會成員，我對諸位負責，並以某種方式實踐和分享我的信仰，這種方式會吸引、但不會強加給那些不相信我行事作風的人。

思考要點

- 生命中最重要的問題是上帝的問題。
- 我現在已進入暮年，卻仍不清楚生命的意義。我可以告訴你，名與利毫無價值。
- 我們不會提出上帝的問題當作排外的基礎。相反的，這是我們促進多元化的原因，因為我們明白，形形色色的人都是上帝混合配製的。
- 公司的職責是提出上帝的問題，而不是回答它。答案必須來自個人。

問題

- 你如何回應上帝的問題？
- 你在定義公司的核心價值觀或成立宗旨的過程中，是否曾提到上帝？應該提到祂嗎？
- 貴公司的「不可變項目」是什麼？人們必須同意和實踐以便適應的信念是什麼？
- 貴公司需要什麼樣的道德標準？這些標準是如何實施的？

43

找隻代罪羔羊解決不了問題

公司出問題時，管理階層的反應通常是：「誰犯的錯？」讓一門生意能夠運作的是人，如果無法運作或出了錯誤，按理說有人要為此負責。如果某人沒有盡到職責，或者做錯了什麼，管理階層就必須做出改變，否則那些做好份內工作的人將受到不利影響。但是當我們追究責任，並透過解僱人員或降低其職位來解決問題時，我們必須確保自己正在治本，而非只是治標。

問題可能出在這項被指派的工作，是杜拉克所說的「寡婦製造者」（widow-maker's job）——工作太龐大或定義不明確，任何人都無法勝任；或者，可能存在導致失敗或不法行為的系統性或文化性問題；或者，問題可能在於管理者，而非失敗的員工。

我們在建立管理層級時，有時會設法將自己與錯誤隔離開來，讓我們有足夠空間去責怪別人。但若我們不處理問題根源，就沒辦法做好領導，且會讓當事人變成代罪羔羊，從而傷害對方。

一個例證

為了提醒管理團隊這個問題可能會有多嚴重，我最近要求他們閱讀《樂透》（*The Lottery*）。這本 1948 年發表的短篇小說，內容關於在美國一個小鎮舉行的年度摸彩。摸彩是那個小鎮從建鎮起就有的悠久傳統，在每年六月一個上午舉行，從十點進行到正午結束，包括孩子們在內，每個人都聚集在村莊廣場一堆石頭附近。

多年來，當地為摸彩發展出一套規則和程序：每回要抽兩次，一次抽出一個家庭，另一次抽出該家庭中的一個成員。通常由一位指定的家庭成員從放置在三腳凳上的黑盒子中抽出，黑盒子裡全都是空白紙條，只有一張是帶有黑點的紙條，抽出黑點紙條者就是最終被選中的人。當最終選擇出爐時，被選中的人站在城鎮廣場的中心，其餘鎮民從附近石堆中撿起石頭，將那個不幸的人活活砸死。儀式結束後，大家回家吃午飯。大家看起來都鬆了一口氣，因為要為過去一年所有災厄負責的人，再次被確定和清除了。

這是個令人震驚而又殘忍的故事，有些人會說，這實在讓人難以置信，在美國，人們根本不會這樣做。但別忘了，《樂透》在 1948 年首次發表，那就是在世界發現猶太大屠殺的恐怖悲劇之後短短幾年。

真實的東西

在業務上尋找代罪羔羊，邪惡程度雖不像大屠殺那樣嚴重，但它可以藉著摧毀人們的自我價值和未來機會造成傷害。健全的企業不能容許代罪羔羊，但我確實相信，歷史上曾經有人為了所有人們的利益而成為代罪羔羊。耶穌基督成為最終的代罪羔羊，藉此為世界上的邪惡問題提供解決之道。

根據猶太人早期的祭祀和獻祭法律，每年都會用兩隻羊舉行贖罪祭。一隻羊在祭壇上犧牲，為人民贖罪；另一隻稱為代罪羔羊，會被驅逐到沙漠中，以將這些罪孽帶走，完成贖罪行動。

這種犧牲和驅逐，描繪了耶穌基督為世人之罪受死所做的事。祂的贖罪行動為我們的過犯付出最終代價，並且東離西有多遠，祂叫我們的過犯離我們也有多遠。耶穌提醒我們：「因為神差祂的兒子降世，不是要定世人的罪，乃是要叫世人因祂得救。」（約翰福音三章 17 節）人人都可以得到這份賞賜，但必須個人接受才有效。

在我們與其他人的關係中尋找代罪羔羊來指責，解決不了問題。但有一個人為我們的過犯作了最終的代罪羔羊，那就是耶穌。接受祂的賞賜，就是與上帝建立持久關係的答案。

思考要點

- 當我們追究責任，並透過解僱人員或降低其職位來解決問題時，我們必須確保自己正在治本，而非只是治標。
- 在業務上尋找代罪羔羊，其邪惡程度雖不像大屠殺那樣嚴重，但它可以藉著摧毀人們的自我價值和未來機會造成傷害。
- 有一個人為我們的過犯作了最終的代罪羔羊，那就是耶穌，接受祂的賞賜，就是與上帝建立持久關係的答案。

問題

- 當貴公司或你的工作上出現問題時，你會發現人們有時在尋找代罪羔羊嗎？
- 你的管理或領導團隊上一次讀一本書或討論轉嫁罪責的問題，是什麼時候？如果你從未這樣做過，你認為這是一項健康的活動嗎？
- 如果你可以為你的工作團隊指定一本必讀的書，會是哪一本？你希望道德問題和對待員工的問題如何在企業中被討論和應用？

Chapter 44 這一切是為了什麼？

在人的一生中，有時會因為危機或特殊經歷，而停下來思考這個古老的問題：「這一切是為了什麼？」這往往會引發一系列其他問題，例如：生活中什麼是重要的？我正在做的事情有意義嗎？我知道自己往哪裡走嗎？我了解需要和欲望之間的差異嗎？我知道犧牲的意義嗎？我忠於什麼？公平是什麼？公正是什麼？

個人反思

我才剛遇到這樣的一次經歷。我和茱迪最近才旅行回來，此行造訪了我們在東歐的朋友和公司在約旦的合作夥伴，並在開羅推出一項新業務。我們對古埃及文物有了些認識、參加了羅馬尼亞一所新學院的畢業典禮，還在東歐會見了幾位企業家——幾年前，我和茱迪成立一個小型創投基金，這些企業家是在基金幫助下創業的。

我們遇到來自各行各業的人，包括坐擁權力富貴的人，以及在沙漠裡只有一頂帳篷為家的人。我們對古埃及的成就佩服不已，也為一個社會建造巨大石頭建築物來安置屍體的動機感到困惑。

金字塔是世界奇蹟之一，已存在數千年。我們欽佩那些設計和建造指導者的技能和智慧。但那些建造金字塔的工人、那些用肌肉和背部揹負每塊石頭的人呢？他們的生活是什麼樣子？他們如何為永恆或來世做準備？誰是他們的神？他們大多數人都是奴隸嗎？他們之中有些是為法老建造金字塔的猶太奴隸，且被迫在沒有草的情況下造磚，受苦犧牲，直到出埃及那天，摩西會起來告訴法老：「容我的百姓去。」

對摩西來說，這是何等的領導挑戰——超過 200 萬人將被帶領穿越紅海，越過荒蕪的曠野，展開歷時四十年的旅程。

我有機會站在尼波山（Mount Nebo）山頂，俯瞰肥沃的約旦河谷。上帝在這裡讓摩西觀看他永遠進不了的應許之地，他的夢想不會實現。他的繼任者約書亞（Joshua）將帶領人民進入應許之地。

當我站在那裡，清風拂面，我想到自己的種種夢想，其中許多夢想上帝讓我得以實現。當我回顧我所得到的祝福，我也想起那些我所看到正身陷貧困的人。為什麼我不是出生在開羅垃圾場那三萬人之中？為什麼我有機會在自由的土地上成長、接受教育、從事律師工作、建立家室、開展事業？

羅馬尼亞或斯洛伐克同仁們的掙扎，我沒有經歷過。他們在被共產主義敗壞的土地上長大，在飽受高通膨和政局動盪折磨的第三世界經濟中勉強維持生活。他們正在發展本身的事業、培養人員並賺取利潤，但他們有諸多事情要克服，以能夠與西方經濟穩定國家的公司競爭。

我在羅馬尼亞發表畢業典禮演說，並看到畢業生的熱情和精神時，我想知道，他們成功的機會能否趨近美國一般大學畢業生擁有的機會？如果不能，為什麼？何謂公平？何謂公正？一個人的機會和另一個人受到的限制，這之間只憑運氣嗎？

對我們這些幸運兒來說，我們所擁有的是資產還是負債？有時候，我們擁有的一切或自認為是何許人，全都會妨礙我們為他人服務。我們可能會充滿嫉妒，只專注於自己沒有的東西，而不是關注別人的需求。有時候，我們會太過關注自己的重要性和保有自己的頭銜、職位或進度表，而沒有時間思考、服務或發展與他人的關係。

在從安曼（Amman）到佩特拉（Petra）的路上，我們在路邊停下來，參觀一些貝都因人的孩子看管他們的綿羊和山羊群。沒多久，這些孩子們的父親邀請我們進他的帳篷。男人們被帶到帳篷的前半部，女人們被帶到後面。我們坐在鋪在沙地的地毯上，用未洗過的杯子飲茶。我認為這個帳篷和周圍的環境，必定很像三千多年前亞伯拉罕的帳篷。

這個貝都因人是一位親切的主人，邀請我們留下來共進午餐。但我們不確定燉菜裡的食材是什麼，再加上必須在午後到達佩特拉，所以就婉拒了。我是否太過忙碌，以至於無法留下來學習更多？或是我的胃太敏感，不能吃他烹煮的食物？作為按照上帝形象創造的人，我是否夠關心他、接受他的殷勤款待並展開友誼？

如果他穿著他的長袍和涼鞋，坐著他的駱駝來到我家，我會邀請他進家門嗎？我會洗他的髒腳嗎？我會邀他共進午餐嗎？

生命中重要的是什麼？我是否願意為另一個人——特別是與我不同的人——犧牲我自己和我寶貴的時間？

當我和茱迪回到家時，迎接我們的是兩個半星期的未讀郵件。在這堆郵件中，有一封信很特別，寄信人是在玻利維亞克丘亞印第安人（Quechua Indian）部落工作的傳教士醫生。信中講述一趟為期兩天的艱苦旅程：他騎摩托車越過蜿蜒山路和狹隘山口，想要探望一位病人。當他到達時，發現一名命在旦夕的女子，喉嚨內有癌腫瘤。

她的病需要立即動手術，但這是不可能的，因為附近沒有醫院。他很沮喪。他有能力勝任這項手術，他走了很長一段路才到那裡，但最終卻欠缺工具。這段經歷讓他問起我問過的那些問題：公平是什麼？重要的是什麼？犧牲我的生命和家庭來服務他人是否值得？這一切是為了什麼？

聖經忠告

對史蒂文・霍桑（Steve Hawthorne）博士和我來說，我們對這些問題的回答來自上帝和祂的話語，也就是《聖經》。耶穌說：

你們無論什麼人，若不撇下一切所有的，就不能作我的門徒。（路加福音十四章 33 節）

倘若你們在不義的錢財上不忠心，誰還把那真實的錢財託付你們呢？（路加福音十六章 11 節）

你們中間，誰願為大，就必作你們的用人；在你們中間，誰願為首，就必作眾人的僕人。因為人子（耶穌基督）來，並不是要受人的服事，乃是要服事人，並且要捨命作多人的贖價。（馬可福音十章 43~45 節）

在寫給提摩太的信中，使徒保羅總結了這些來自福音書的智慧之言：

你要囑咐那些今世富足的人，不要自高，也不要倚靠無定的錢財；只要倚靠那厚賜百物給我們享受的神。又要囑咐他們行善，在好事上富足，甘心施捨，樂意供給人。（提摩太前書六章17~18節）

那麼，這一切到底是為了什麼？生命中重要的是什麼？公平是什麼？有犧牲的空間嗎？以下是我的結論：不論是金錢、財產、教育、才能或機會，我之所以擁有別人沒有的東西，唯一的原因不是要讓我掌握、擁有或控制它，而是要讓我使用、分享或投資它，好讓這樣東西增加並有益於他人。我是受託人，不是所有者。對他人有益，不是為了獲得上帝的恩寵或贏得進天國之路（這只能藉由上帝的恩典和我對信仰的忠心得到），而是在上帝的公平計畫內行事的一種職責、義務。

上帝以祂無限的智慧，創造了我們這些被揀選的人。當人們做出投入、服務和投資的選擇，或做出積累、揮霍和坐吃山空的選擇時，這個決定會出現不一樣的結果。這些選擇產生出來的結果，其多樣性和範圍很難充分理解，但這些選擇累積的效應不干我的事，那是上帝的事，也只有祂能負責。祂的時間框架不是暫時的，而是永恆的。我只須理解「我在哪裡」以及「委託給我的事情有哪些」。

ServiceMaster 提供我一個獨特的平台，讓我可以做出負責任的決定。它讓我能夠發展我的天分，為我的家人提供生活所需，並分享和投資他人。我非常感謝那些過來人，也就是設定公司願景、使命和目標的人們，以及那些現在每天都在讓目標實現的人。我對他們的承諾，必須超越自身利益。

我們董事會的共同目標必須是建立在我們所擁有的東西上，並且為追隨者提供更好的機會。成為提供者，而非接受者；成為生產者，而非維護者。

我祈禱我能夠以這樣的方式生活：當我的生命結束時，我的穀倉會是空的，而我在分享和服務上的投資將會圓滿完成。

思考要點

- 對我們這些幸運兒來說，我們所擁有的是資產還是負債？有時候，我們擁有的一切或我們自認為是何許人，全都會妨礙我們為他人服務。
- 有時候，我們會太過關注自己的重要性和保有自己的頭銜、職位或進度表，沒有時間反思、服務或發展與他人的關係。
- 不論是金錢、財產、教育、才能或機會，我擁有別人所沒有的東西，唯一的原因不是要讓我掌握、擁有或控制它，而是要讓我使用、分享或投資它，好讓這樣東西增加並且對他人有益。

問題

- 你曾經到第三世界旅行，或者近距離接觸到貧困嗎？這種經驗對你有何影響？
- 你目前的工作是否為你提供發展天分和服務他人的機會？如果沒有，是否該改變了？
- 你如何運用上帝賜給你的教育、資源和機會使別人受益？當你的生命結束時，你的穀倉會變空嗎？你對他人的服務完成了嗎？

Chapter

45

回饋的遺澤

總有某個時刻，董事會應該回顧過去，以便為未來設定步調。現在正是時候，我們緬懷那些先我們一步、獻身建立這個企業的賢達。

在過去兩個月裡，我參加了兩位領導者魏斯納和韓森的追悼會，他們兩人都是我的導師和摯友。

魏斯納和韓森

我剛進公司時，魏斯納是 ServiceMaster 的執行長和我的上司。他教導我如何透過他人將對的事情做好，從而有效管理；他鼓勵我承擔我必須全力以赴完成的任務和職責，以求得成長；他對任何議題或業務問題可以見樹又見林，並總是聚焦於解決方案。

他有能力把為結果負責的完整責任感轉移給下屬，也照顧和關愛他們；他激勵我們將自己的人生投資在其他人身上，自己也言行一致，以身作則。魏斯納是我們醫療保健業務的創建者，這項業務在 70 和 80 年代成為我們最大的業務部門。

魏斯納是給予者，而不是接受者。

韓森和我有一段非常特殊的關係。我們逐漸了解彼此，所以可以預期到對方的想法，且常能精神交流，而非只是言語溝通。韓森招募我這個年輕律師加入基督教服務旅（Christian Service Brigade）的董事會時，我們有了第一次接觸。期間，我首次有機會傾聽他的高見並向他學習，同時觀察他獨特的組織安排能力。我當時並沒有意識到這一點，但韓森看中我，就像他提拔過許多其他人一樣。他從我岳父，也就是他的家庭醫生克萊倫斯・溫戈登（Clarence Wyngarden）那裡聽說過我。幾年前，他曾試圖向溫戈登出售 ServiceMaster 股票，溫戈登拒絕了，因為他準備投資在他女婿的教育上。韓森後來告訴溫戈登，他這麼做正是投資 ServiceMaster 的一種獨特方式。

我們的接觸並非全都那麼愉快。幾年後，我決定離開法律界，到惠頓學院擔任管理者和教師，韓森在這項決定中發揮一定的作用，但他差點成為交易破局的關鍵，因為他擔任財務委員會主席，而我不確定能否與他和睦相處。韓森準備好面對這個問題，並提議如果他成為障礙，就辭去惠頓學院董事的職務。在這段經歷中，我學到一個重要教訓：正視一個會迫使人努力思考的議題，如果你阻礙了上帝的計畫，那就要樂於退到一邊。

韓森在這方面是一位大師級教師，總是樹立了「前進，不擋別人路，放棄職位和頭銜，以便讓其他人能夠成長、發展並抓住機會」的典範。我加入 ServiceMaster 後，從韓森那裡學到很多重要經驗：追求卓越、尋求家庭和事業之間的平衡、對獲得良好投資報酬慎重其事、成長和擴張的義務、輕裝旅行的需要、僕人式領導的重要性、策略性地思考關於未來的價值以及使未來領導者做好準備的持續需求。

韓森是給予者，而不是接受者。

馬里安和卡洛斯

我從未有機會在工作上與創始人馬里安共事。第一次見到他時，我還是個年輕的律師，協助他進行資產規畫和完成一項重要的慈善捐贈。他與我分享他視為份內責任的事情，也就是管理上帝給予的一切，並以有利他人和協助他人發展的方式投資和回饋。他以他為人熟知的一句俏皮話結束這小小的教學課程：「記住，比爾，金錢就像堆肥，不會因為你把它堆得比較高，聞起來就比較香。」馬里安投入一切展開這項事業，對公司未來的發展有初步的願景。他躬行實踐自己的信念。

馬里安是給予者，而不是接受者。

耶穌談論這個主題時說：「你們要給人，就必有給你們的，並且用十足的升斗，連搖帶按，上尖下流地倒在你們懷裡；因為你們用什麼量器量給人，也必用什麼量器量給你們。」（路加福音六章 38 節）

這個原則每天都在我們的業務中發揮作用。幾個星期前，我和幾位一線服務人員在一起，談論公司目標對我和他們的意義。詹姆斯．史密斯（James Smith）回應說，他維護醫院清潔，並常協助同事，藉此榮耀主。他說，他在 ServiceMaster 訓練計畫中了解僕人的心，而且在這份工作中得到太多，所以想要回報，否則他可能失去給予的精神，他不希望這樣。兩年前，詹姆斯徘徊在芝加哥街頭，是個失業的街友。後來他透過特殊的重返工作計畫加入我們公司，這是我們與主要大都會地區的街友中心合作的計畫，是在我們現任執行長卡洛斯的鼓勵下發展的。

由於卡洛斯在生活中擁有的機會，他從德州南部邊境小鎮一個溫馨的陋室出身，發跡成為《財星》五百大企業的執行長。他熱衷於回饋並為他人提供機會。

卡洛斯是給予者，而不是接受者。

我很榮幸能夠從我們公司這四位領導者那裡了解和學習，並與其中三位建立私交。每個人都以他自己的方式成為給予者，而非接受者。

這種回饋的遺澤必須由現任領導者發揚光大。我們的責任是發掘明天的領導者，並培養他們對服務他人的熱情。

思考要點

- 金錢就像堆肥，不會因為你把它堆得比較高，聞起來就會比較香。
- 「你們要給人，就必有給你們的，並且用十足的升斗，連搖帶按，上尖下流地倒在你們懷裡；因為你們用什麼量器量給人，也必用什麼量器量給你們。」
- 這種回饋的遺澤必須由現任領導者發揚光大。我們的責任是發掘明天的領導者，並培養他們對服務他人的熱情。這是董事會成為給予者而非接受者的最佳方式。

問題

- 在你的工作、事業以及個人生活中，你可以用什麼方式成為給予者，而非接受者？

- 誰是對你影響最大的人？是什麼因素讓他們成為如此強大的榜樣？
- 你是其他人可以效法的榜樣嗎？

Chapter 46 內賊

員工有時會將公司資產用於個人利益，有時會將這些資產帶回家，把它們當成自己的東西來使用。這是偷竊。這類盜竊可能成為公司的重大問題和消耗，但是當盜竊涉及真正的經濟損失時，會產生更大的成本——當領導者失敗或誤導，然後用更大的黃金降落傘*以求脫身時。

英國《金融時報》報導了所謂「破產貴族」（The Barons of Bankruptcy）的研究。破產貴族是指一群即使自家公司正走向災難，卻同樣能得到巨大財富、享有特權的頂尖企業領袖。研究人員檢視了二十五項企業破產個案，根據他們得出的數字，那些注定失敗的公司內部高階主管和董事們，都帶著超過 33 億美元的

* 公司解僱高階主管時給予的高額補償金。

薪酬和股票銷售收益，一走了之。

企業貪婪

我們如何解釋這種事？難道只是公司貪婪的突然爆發嗎？是缺乏道德領導力嗎？是董事會重大過失的結果嗎？還是激勵制度導致這樣的結果？好比股票選擇權和聘僱合約附有解僱提前給付條款？當領導者在不損及本身財務之下一走了之，員工和股東會受到傷害，退休的儲蓄和準備金被一筆勾銷，工作飯碗也丟了。

美國企業界最近的經驗，只是在取得那兩股始終存在的勢力（貪婪自利，以及政府的監督和控制）最佳平衡時出現的特例嗎？或是有其他問題在起作用？這些問題對於正直的認識，以及構成企業領導者道德倫理行為的要素很重要。

當我提出這些問題時，我了解到，作為國家，我們正努力尋求透過立法和更多的政府控制，來解決對公司領導者缺乏信任的問題。我們董事會將更專注於嘗試了解和回應這些新規則所增加的流程、結構和遵循方式。

納入這些新規定的部分，將包括行為準則和針對不道德行為增加報告義務。這些規定聽起來很好，而且可能會通過政治正確性測試，但它們並不處理一個基本問題：在經營企業上，什麼是道德？什麼又是正確和良好？

當規則需要道德行為標準時，人們會普遍了解這真正代表的意義嗎？在後現代世界，我們被鼓勵視「寬容」具有最高價值，並質疑這其中是否有絕對的對與錯，抑或這種東西只是客觀的事實。新的遵循規則將如何定義董事和企業領導者對部屬的道德責任？或是限制他們的自身利益以換取整體員工的福利？

靈性標準

要定義人類，不能只根據生理或理性本質。我們也有道德和靈性層面。正是這種靈性層面影響我們的品格，影響我們決定是非、認清善惡、做出道德判斷，以及去愛或恨的能力。它使我們能夠發展出一種生活哲學，如果你要說那是世界觀也可以。這種生活哲學給予我們一個絕對的道德標準——即使透過董事會的行動也無法放棄的標準。

即便人們不承認上帝，也能夠了解「善」是什麼嗎？這是俄羅斯作家杜斯妥也夫斯基（Dostoevsky）在《卡拉馬助夫兄弟們》（*The Brothers Karamazov*）中提出的問題。聖奧古斯丁（St. Augustine）也提出類似的問題，他的結論是，必須有上帝的城市，才是能夠支撐人的城市。並非所有人都會同意這種論點。有些人表示，讓自己的理性做決定的人們可以確定什麼是正確的。

但這種觀點如何解釋歷史上人類的邪惡傾向，特別是涉及財富和權力的部分？

索忍尼辛大半人生都在邪惡的政府統治下遭受折磨。在他的經典著作《古拉格群島》（*Gulag Archipelago*）中，他意識到善惡的分界線穿越每個人的內心。他提到，即使遭到邪惡淹沒的心靈也會有小小的善良橋頭堡；即使最善良的內心也留有小小的邪惡角落。他的結論是，將邪惡完全逐出世界是不可能的，但是認識並限制邪惡有可能做到。對索忍尼辛來說，真理和限制的源頭來自上帝，一個超越他自己的權威。

那麼，在商業環境中，對錯標準或邪惡和貪婪的限制來自哪裡？我們如何為企業領導者定義正直或正確行為的道德？對ServiceMaster員工來說，它始於我們的首要目標，亦即在所做的一切事上榮耀主，並在我們的行動和實務中執行。它在我們對待人們的方式上顯而易見，包括我們尋求在客戶服務上表現卓越，培養員工以發揮他們的潛力並成為上帝希望他們成為的那種人。

這項標準要求領導者將被領導者的利益置於自己的利益之前，即使這會導致他們喪失經濟利益。這意味著，我們作為這家公司的領導者，大部分所擁有的聘僱合約都將依董事會的意願來決定是否終止。如果終止聘用，不會啟動黃金降落傘、不會以狹隘的標準決定解聘的原因，也不會以寬鬆的標準找個「良好理由」，讓高階主管能在選擇留下爛攤子的同時，還能完整帶走黃金降落傘所給予的離職補償金。鑑於目前的市場狀況，以及公司持續成長時需要聘用更多領導者，未來可能會有一些變動。董事會在考慮這個問題時，必須注意不要為內賊提供平台。

保羅在《以弗所書》四章 28 節寫道：「從前偷竊的，不要再偷；總要勞力，親手做正經事，就可有餘分給那缺少的人。」這是供所有人遵循的良好標準。

思考要點

- 作為國家，我們正努力尋求透過立法和更多的政府控制，來解決對公司領導者缺乏信任的問題。當規則需要道德行為標準時，人們會普遍了解這真正代表的意義嗎？
- 要定義人類，不能只根據生理或理性本質。我們也有道德和靈性層面。正是這種靈性層面影響我們的品格，影響我們決定是非、認清善惡、做出道德判斷，以及去愛或恨的能力。
- 在商業環境中，對錯標準或邪惡和貪婪的限制來自何處？對 ServiceMaster 員工來說，它始於我們的首要目標，亦即在所做的一切事上榮耀主，並在我們的行動和實務中執行。

問題

- 貴公司是否有道德行為準則？人們了解該準則的含義嗎？它是否適用於領導者私領域和公領域的生活？
- 更多政府法規涵蓋公司的不當行為和貪婪，其中的優缺點是什麼？已經通過的法規對你的業務產生什麼影響？
- 即使人們心中沒有上帝，也能夠了解對或善的意義嗎？

領導力的重點是承諾和讓事情發生

在我們結束關於 ServiceMaster 領導力的會議時，我想分享一些有關於承諾和責任的想法。

領導力關乎承諾，亦即我們為公司員工利益做出和維持的許諾。我們的責任是針對長期利益，而不是為自己的短期利益。員工要能夠仰賴領導者的承諾，否則任何企業都無法充分運作。它超越了聘僱合約中通常包含的條款，它正在實現我們的「競選承諾」。

我們的「保證」提供架構，讓關係發展下去。我們必須對被領導者做出許諾，即使造成個人風險和犧牲也在所不惜。這是身為領導者的責任。

償還債務

了解這個義務的最佳方式之一，是將它描述成領導者資產負債表上的債務——你要把它說成負債也可以。

幾年前，我拜訪轄下的一位主管，一起討論他的晉升以及獲得 ServiceMaster 股票的機會。這意味他必須借一些錢購買股票。他對這次晉升感到高興，但他質疑購買股票會使他陷入負債風險。我要求他做一個簡單的 T 字帳戶（T-account）資產負債表，這樣我就可以和他一起檢視他的個人資產和負債。

他在資產負債表上列出的唯一債務是他房子的抵押貸款。接著，我問他有關他在擔任新領導職務時所承擔的額外債務，該職位要管理一千多人，為什麼不列出這筆負債？這數以千計的工作和家庭會如何受到他領導風格所影響？一年後會有更多機會，或是更少？兩年後呢？他的領導會造成影響嗎？他如何量化他對部屬所承擔的義務？這是與他所曾負擔的銀行債務一樣真實的債務嗎？這比他購買 ServiceMaster 股票所需的借款要大得多。他願意承擔對那些部屬的義務嗎？或者他只對接受有頭銜的工作感興趣？

領導力涉及的承諾，並非取決於頭銜、職位或階級的重要性。領導者應該為服務做好準備，直到工作完成，或者直到接班人獲得確認和就位為止。領導者本身應該是開放和透明的，從本質上說，開放和透明將產生信任和獲得部屬的對等承諾。

讓事情發生

領導者的工作就是「讓事情發生」。在生意上，這涉及創造價值和盈利。我們有責任發起變革，並在某些情況中創造不平衡，以維持公司的活力。太多的企業組織因官僚主義的弊端而癱瘓，因為管理層級太多而造成領導者陷入沒完沒了的活動之中，卻不願對結果負責。他們捍衛現狀、維護職位和工作保障，但不願承擔風險並做出創造價值的決定。

企業組織本質上會有這種讓人削弱力量的冷漠態度，必須克服這種冷漠，好讓人們在為結果負責時能夠成功，並得以創新和改進。領導者需要提供犯錯的空間，同時堅持為達成特定目標負責。他們應該開始有條理地放棄不再相關的活動，藉此實踐公司的良好健康規範。正如杜拉克所說的：「屍體放愈久，味道不會愈好。」

我們的一位主管布萊恩・奧克斯利（Brian Oxley）就是領導者的好榜樣。他的單位通常會符合或超越預算，事情沒有按計畫進行時，他知道如何像螃蟹一樣橫向移動，且在胸有成竹之下實行替代方案。

我永遠不會忘記某個週六晚上在倫敦與布萊恩共處的時光。

當晚，我想要在薩伏伊（Savoy）看一齣戲來結束這一天。當我和布萊恩走出酒店，準備前往劇院時，計程車寥寥無幾。我沿著街區往上走，試圖攔下一輛對向的計程車，布萊恩則是走到對面。情況很快就明朗：我們不可能準時到達劇院；後來布萊恩揮了揮手，他決定要搭便車。

布萊恩比我更早得出結論——叫計程車是行不通的。他改找私家車，並在第三次嘗試時找到一個願意幫忙的人。他冒險做不同的事情，藉此完成任務。想要有愈來愈多的機會，領導者就得像布萊恩這樣，專注於透過創新手段來取得成果，否則他們的未來將面臨風險。

領導者是透過他人來讓事情實現，因此必須大方授權。上司從部屬那裡竊奪決策能力是錯誤的，也是嚴重的不公。員工應該被視為在工作中能自主的人，而非只是完成工作所需要操控的棋子。

最後，作為領導者的承諾和責任，我們必須促成一個環境，在這個環境中人們能夠共事，並且有機會成為上帝想要他們成為的那種人，進而學習和成長。商業公司可以成為上帝的工具，因它為祂創造的人提供了有意義的工作和機會，以開發他們的潛力。領導力是讓這一切發生的關鍵。

思考要點

- 領導力關乎承諾，亦即我們為公司員工的利益而做出和維持的許諾。我們的責任是針對長期利益，而不是為了自己的短期利益。
- 領導者的工作就是「讓事情發生」。在生意上，這涉及創造價值和盈利。我們有責任發起變革，並在某些情況中創造不平衡，以維持公司的活力。
- 領導者是透過他人來讓事情實現，因此必須大方授權。上司從部屬那裡竊奪決策能力是錯誤的，也是嚴重的不公。

問題

- 我們經常就特權和津貼來思考領導力，但你如何列出領導者的義務？你的領導資產負債表上有哪些債務負擔？
- 貴組織中失敗或犯錯的人會怎麼樣？你能為錯誤保留餘地，同時仍然讓人們對結果負責嗎？
- 列出貴公司一些過時的做法。你會如何開始「有條理地放棄」這些活動？

逆境的禮物

有一個人，每個月一次會將全身浸入一桶滾燙的熱水中，讓他的身體每處末梢都感受到疼痛。他是保羅．班德（Paul Brand）博士，是痲瘋病的世界級權威，曾在印度偏遠地區的痲瘋病人中擔任醫療傳教士。當地沒有實驗室檢驗設施，他便用這個「熱水浴桶」檢驗法來確定自己是否感染可怕的痲瘋病。若身體的每處末梢還能感到疼痛，意味著他還有知覺，沒有出現痲瘋病的症狀，例如感覺喪失和末梢腐爛。

逆境的痛苦，往往是在情感上而非身體上，這種痛苦可以幫助我們明白生活的現實情況，並知道何時需要改變。

痛苦的環境

領導和管理企業會伴隨逆境、痛苦、壓力和失敗。雖然我們常因為成功而得到肯定，但我們董事會知道自己的缺點、瑕疵以及一路上所犯的錯誤。我為本次董事會會議做準備時，想起了其中一些痛苦的時刻：

- 新業務計畫失敗。
- 同仁和員工的行為與公司目標不一致，某項個案還導致一宗刑事調查。
- 訴訟造成大量無根據的評斷。
- 人們無法接受改變或不再被信任時，聘僱關係終止。
- 我個人的績效或關係密切的同仁績效不符合員工和股東的期望。

在某些情況中，痛苦和壓力來自於將自己和他人推向下個層次水準的表現。失敗的風險可能是成功的動力，但另一方面，明白失敗可能會對整個組織產生負面影響，是領導者的痛苦和負擔——例如將資產負債表擴大到十比一的負債與權益比率（Debt to Equity Ratio）以便為消費者服務的成長提供資金。領導者必須代表整個組織做出潛在利益大於風險的決定。

組織像人一樣，可能因為過多的成功而軟化。繼續做過去成功的事情，不是未來該走的路。經歷日益萎縮的事業，而非經歷不斷成長的事業，這種痛苦可能是做出重大改變的重要警示。有時候，公司需要一個「熱水浴桶」才能夠實現下一個週期的成長。

個人控制

1939 年秋天，在一項名為「在戰爭時期中學習」（Learning in a Time of War）的演講中，路易斯提醒進入牛津大學的學生，戰爭的逆境實際上不會改變生活中的重大問題，但它確實有助於定義人們無法控制生活中大多數問題的現實情況，包括他們選擇何時以及如何進入這個世界、何時以及如何離開這個世界，還有接下來會發生什麼。然而，實際上學生們確實可以控制的是：他們如何度過那一天。路易斯建議，由於他們身在一個學習的地方，他們應該關注學習的過程，當他們這樣做時，也要思考是誰在掌控一切，以及他們與祂的關係是什麼。

就像路易斯一樣，對我而言，造物主上帝是掌控者。祂是一位愛的神，是我們在遇到麻煩和痛苦時的避難所。對信仰上帝的人來說，祂承諾背負我們日常的重擔。在壓力和逆境中，我們可以知道「神所賜的出人意外的平安」。

這種上帝賜予的內在力量，一直是我能力的重要一環，讓我能夠帶領公司經歷逆境時期。我相信，這些艱難時期全是我與上帝關係中日益成長和成熟的部分。逆境的痛苦為我證實了生命的恩賜和明天的機會。

思考要點

- 逆境的痛苦，往往是在情感上而非身體上，這種痛苦可以幫助我們明白生活的現實情況，並知道何時需要改變。
- 組織像人一樣，可能因為過多的成功而軟化。繼續做過去成功的事情，不是未來該走的路。
- 對信仰上帝的人來說，祂承諾背負我們日常的重擔。在壓力和逆境中，我們可以知道「神所賜的出人意外的平安」。

問題

- 你在商業生活中經歷過最痛苦的經驗是什麼？你從中吸取了哪些教訓？
- 你或貴公司是否因過多成功而軟化？
- 逆境或痛苦時期會教導你上帝的性格嗎？你自己的性格呢？

禱告

你是否曾經懷疑過為何人們要禱告，或者上帝是否真的聽到並回答人們的禱告？上帝只聆聽某些信仰或宗教信徒的禱告嗎？對禱告者而言，禱告是否比較像是一種治療釋放，而不是與上帝真正的交流？禱告可以改變事件的進程嗎？禱告是接近神聖上帝的正式儀式嗎？或是我們可以像對待朋友那樣與祂交談？禱告應該限於靈性問題，還是涵蓋生活的所有事項，包括我們的工作和企業的運作？

禱告從一開始就是本公司的一部分。我們的創始人魏德可以說是「一個禱告的人」。他經常為他的家人、朋友、公司和國家禱告，他祈求上帝幫助和引導他的生活和與他人相處的方式。在公司成立後不久，一群員工和主管就業務相關事宜，發起一個自願性質的週五晨禱時間。這個晨禱時間一直持續到現在。我們定期召開董事會會議、年度股東大會，並經常召開業務會議。公司裡有些人基於信仰，需要找一個地方每天禱告幾次，最近我們為此提供了場所。

個人禱告

對我這樣的基督徒來說，禱告是我與上帝發展關係的關鍵連結。《聖經》是提供我理解禱告的主要來源。我相信上帝會聽到並回應我的禱告，雖然某些答案可能不會按我預期的時間或方式出現，但總會有答案。

我為別人的需要和我自己的需要禱告。而且，是的，我甚至應該為那些我不喜歡的人和不喜歡我的人禱告。上帝承諾會在我禱告時提供幫助，因為有時候問題太複雜，我不知道如何禱告；我不了解最好的解決方案是什麼。

我要堅持不懈地禱告，不停地禱告。不論在思想上或言詞上，上帝都接受了我的禱告，即便這禱告可能沒有正式請願書的結構。在演講之前，我有時候會在開車或是坐在觀眾面前時禱告。

當我禱告時，應該準備好採取行動以完成我正在祈求的事情。當我禱告時，我不應該焦慮，而是要有感恩的心。我可以在禱告中敬拜上帝，並在我尋求祂的道路和旨意時，討祂的喜悅。

我有幸親眼見證比利・葛培理（Billy Graham）的禱告生

活，因為我曾在葛培理布道團的董事會任職，並擔任執行委員會主席。葛培理和他的團隊是禱告的戰士。多年來，他們花很多時間禱告，不僅是為他們在世界各地舉行的會議禱告，也為上帝伸手照顧他們的個人生活而禱告。對我來說，葛培理的行為是一個很好的典範，不論是在大批觀眾面前，還是在自宅或飯店房間獨處時。

幾個月前，我和妻子茱迪參加白宮一場為葛培理慶生的小型晚宴。我坐在小布希（George W. Bush）總統旁邊，我們的談話範圍從葛培理在我們生活中扮演的角色，到至今仍記憶猶新的九一一事件。我們談到塔德・比默（Todd Beamer）和其他乘客在聯合航空 93 號航班上的英勇行為，因為他們制伏了恐怖分子，並將飛機從預定目的地華盛頓特區轉往別處。

塔德的最後一句話是「我們動手吧」（Let's roll），在他說出那句現在已成名言的話之前，他以〈主禱文〉（the Lord's Prayer）來禱告，也就是耶穌在兩千年前教導門徒如何禱告時所做的禱告：

我們在天上的父：願人都尊祢的名為聖。願祢的國降臨；願祢的旨意行在地上，如同行在天上。我們日用的飲食，今日賜給我們。免我們的債，如同我們免了人的債。 不叫我們遇見試探；救我們脫離凶惡。（馬太福音六章 9~13 節）

對塔德來說，這個禱告的意義不只是將熟記的經文背誦出來。這是一種確認：他信仰一個擁有最終控制權的神。無論環境多麼絕望，祂的旨意行在地上，如同行在天上。塔德知道，那一天，他需要的飲食是上帝的力量，有了上帝的力量，他就可以採取行動對抗周圍的邪惡和瘋狂。他也知道他的心必須對他所處的情況沒有怨恨或憤怒，因為他信靠一位愛他、並願意提供他最終救贖的上帝。因此，他念完祈禱文後，就準備好採取行動。

積極禱告

禱告之後必須伴隨著行動。上帝對我們禱告的回應，需要我們一起同工，因為祂是透過我們來實現祂的旨意。因此，當我們禱告時，必須做好行動的準備。

以塔德的情況來說，行動需要他獻出自己的生命來拯救他人。在商業或政治領域，我們很少需要冒生命危險，但有時候我們必須冒著影響頭銜、職位、聲望、地位和個人財務利益的風險而採取必要的行動，並為他人的福祉而領導。

當我們今天早上祈求得到經營這家公司的明確指引和方向時，身為董事會的我們，是否準備好採取必要的行動？

思考要點

- 我相信上帝會聽到並回應我的禱告。雖然某些答案可能不會按我預期的時間或方式出現，但總會有答案。
- 禱告之後必須伴隨著行動。上帝對我們禱告的回應，需要我們一起同工，因為祂是透過我們來實現祂的旨意。
- 在商業或政治領域，我們很少需要冒生命危險，但有時候我們必須冒著影響頭銜、職位、聲望、地位和個人財務利益的風險而採取必要的行動，並為他人的福祉而領導。

問題

- 你相信禱告對我們生活中的事件有影響嗎？你相信禱告對我們工作中的事件有影響嗎？
- 貴公司是否有機會讓共事者一起禱告？
- 如果你相信禱告，你準備要按照你的禱告行事嗎？是否有一些你可以思考的例子，有助於了解這個禱告原則的重要性？

後記：一張圖片勝過千言萬語

在我 ServiceMaster 職涯早期所參加的某次董事會會議上，韓森提出一項反思。韓森是我們公司創辦人之一，也是我的前任和導師。我把這項反思納入本書，並附上他所描述的那幅畫，因為它不僅捕捉到 ServiceMaster 的精髓，也捕捉到某個人的熱情，此人在我們的事業中實現了他的願景。在本書的封底可以看到這幅畫。

這幅名為**現實**（Reality）的畫就掛在我們「三角洲室」（Delta Room）入口處，我想分享一下它是如何構成的。它描繪了信念和承諾，這些信念和承諾對我的生活以及我在成立這家公司所做的努力上提供指引。我的看法是，這些信念和承諾植根於現實。

個人肖像

從 1950 年代後期到 1968 年夏天，也就是我四十歲起的十年間，我多次嘗試將我自己和我事業夥伴生活中所發生的事情描繪出來。定義和實現業務目標的掙扎奮鬥，影響我們生活的各個層面。身為配偶、父母、朋友和商界人士，我們的態度和行為朝好的方面改變。當我們面對實際情況——也就是業務在我們生活中造成的改變時，我們努力應付業務中明顯相互矛盾的品質和數量目標。

最後，我們意識到這其中沒有矛盾存在。數量成長（更多的客戶和員工，更多的加盟和部門，更多的收入和利潤）對實現品質目標至關重要。我們承擔管理職責，管理愈來愈多加入我們公司的員工。他們期待成長機會，而公司需要在規模和獲利能力上的成長，才能提供這些機會。

這種思維最終促成我們的四個目標：在所做的一切事上榮耀主；幫助人們發展（目的目標）；追求卓越；實現獲利性成長（手段目標）。

我想說明我們如何解決公司目標和目的上的信念所面臨的壓力。我有一些平面設計的經驗，想尋找某種藝術方式來表達。我在搭飛機、在接待室和機場候機，或單獨在酒店房間時，畫草圖、思索，然後又畫草圖。我們在知性／靈性掙扎中找到以平面圖表示的答案，但是沒有一個答案令人滿意，全都不是源自上述的沉思冥想。

後來，在 1968 年，事情終於實現。那時我們全家到奧地利度假，我突然想到了。我想像如何描繪影響我們思考和行動的關鍵因素，並如何展示這些因素的相互關係。我借來一套彩色鉛筆開始工作。到傍晚時，我就畫好草圖，後來我向實際作畫的藝術家解釋這個草圖。

這幅畫的核心是金色，它代表我生命中心的上帝，因為祂實際上是影響生活每個層面的宇宙中心。

數字「1」和「2」意指被廣泛使用於教義問答的前兩個陳述。第一個陳述說：「人的主要目的是榮耀上帝並以上帝為樂。」人們以上帝為樂時，生活中正確而美好的構想和經驗會更豐富；錯誤和破壞與這種喜樂是對立的。

第二個陳述告訴我們，《聖經》，亦即上帝的話，是認識上帝的主要途徑。圖畫中的小迷宮說明了在《聖經》之外尋求認識上帝，會造成毫無結果的漫遊徘徊。

金色的上方是紫色，也就是皇室的顏色，它代表耶穌基督的主權（lordship）。羅馬數字「XV：V」指的是《約翰福音》十五章 5 節。耶穌將自己比作一棵葡萄樹，並將我們這些認識祂的人比作與祂生命連結的枝子。因為死去的耶穌仍然存在，我正在經歷與祂之間的這種重要關係。正是這一點，使我能夠成長為祂想要我成為的那個人——在生活各個方面尋求榮耀祂並以祂為樂的人。

企業色彩

到目前為止，這幅畫描述了我生命中不可缺少的靈性核心。它的其他元素反映了我在 ServiceMaster 工作的主要部分，在 ServiceMaster，我盡可能持續努力活在基督裡。

紫色上方的綠色象徵著我作為領導者—管理者的成長。我從銷售和會計轉向管理職位時，主要是任務導向。但我開始發現自己將員工視為完成工作的一種手段；我意識到，我正在將手段和目的的位置從它們在《聖經》中的順序顛倒過來。承認這種傾向對自己和他人都有害，而且使上帝蒙羞，是一件很痛苦的事。我需要改變我檢視和對待他人的方式。這種改變並不容易，但我現在致力於利用工作來培養人才。這個承諾符合 ServiceMaster 的第二個目標，亦即「幫助人們發展」。

雖然 ServiceMaster 的名字或商標不在這幅圖畫中，但 ServiceMaster 由希臘字母 Λ（lambda）和 K（kappa）來表示，亦即代表「服務」（service）和「主人」（master）的希臘文首字母。商業中的服務或生活責任，實際上是對上帝的服事。我相信我們的業務是來自上帝的禮物，可以作為藉由服務他人來服事上帝的工具。透過這樣做，我們展示了我們的名字 ServiceMaster 的含義：服事主（Master）的服務大師。

數學、經濟學、工程學和其他學科中的漸進變化符號是希

臘字 Δ（delta）。在這幅畫中，Δ 用來象徵生活和商業中的變化是一個不變的現實情況。這是我們力求持續改進的一種方式。

所以，ΔΛK（delta, lambda, kappa）代表 ServiceMaster 的變革者。這群領導者—管理者，負責我們的策略方向。這些領導者—管理者必須致力於他們的角色、他們所做的事情，以及他們要在做這件事的方法上成長。

圖畫中有很多紅色，讓我想起問題和壓力。這些會伴隨著一個持續擴展、為追求卓越而延伸的服務事業而來。我透過壓力學到許多重要的教訓。問題帶來痛苦。在痛苦的時候，我更專注傾聽上帝和他人。傾聽能幫助我面對生活的現實情況，而不是對虛幻的環境做白日夢、掩蓋錯誤或責怪他人。從上帝的角度看待生活所代表的意義，包含了面對現實；在困難時刻，這會帶來穩定。

圖畫中的黑色表示失敗。失敗和冒險在生活中似乎被編織在一起，在那裡，我們所知有限，而且有著各種動機。

我有過失敗。有些是判斷失敗，有些是動機失敗。對第一類失敗應該要公開面對，然後放入個人的記憶庫中供將來參考，但不要老是記掛著；第二類失敗則需要寬恕才能得到醫治。我很感激能獲得寬恕——來自上帝、家人和朋友的寬恕。

由於我天生是行動派，我對情況惡化有很高的容忍度。我經常忽視其他人提供的平衡意見，包括我三角洲團隊和董事會成員提供的意見，他們看見讓我一直支持的願景中的一些陷阱。我學會傾聽其他人的意見，他們同樣致力於公司的基本目標，但是對執行方式有更深入的洞見，他們的思考方式讓他們想出其他可以達成目標的策略。這些經驗豐富的人們想要在定義願景和規劃執行方案時，將可能出現的問題納入考量。他們想要思考替代方案，並在某些情況下，為做出「中止」的決定設立標準。

這種在「願景與實現願景」「紅色和黑色」之間的緊張關係，尚未在我內心完全化解。

在設計這幅畫時，我學到的一個重要心得是：ΔΛK 是一個整體。它的優點在於它的成員實現 ServiceMaster 的共同目標，同時表現出對彼此的愛。這種愛吸引了一些人追隨耶穌——也就是對我的生命賦予目的、熱情和力量的那位救主。

資訊來源

本書中包含的思想資訊來源很多，包括：

- 《聖經》。
- 我與杜拉克、巴菲特、帝普雷、葛培理、尼可里博士、海斯凱特和提區的談話以及他們的談話。
- 路易斯、潘霍華、史蒂夫·卡特、彼得斯、李維特、艾略特、佛洛斯特、戴明和索忍尼辛的著作。
- ServiceMaster 同事的貢獻，包括我的前任和導師韓森和魏斯納、高階主管團隊的成員，我們董事會的每個成員，以及我們公司裡忠實履行和提供服務的許多人員。

國家圖書館出版品預行編目 (CIP) 資料

事奉兩個主？/ 威廉．波拉德作 ; 林麗冠譯 .
-- 臺北市 : 博雅出版 , 2020.08
面 ; 公分
譯自 : Serving two masters?
ISBN 978-986-99139-4-2（精裝）
1. 基督徒 2. 職場 3. 組織管理

244.98 109012412

事奉兩個主？

Serving Two Masters?

作　　者　威廉．波拉德
譯　　者　林麗冠
主　　編　李慧雯
責任編輯　孫怡敏
特約編輯　吳宣恩
美術編輯　黃鳳君
封面設計　柯俊仰

發 行 人　連美霞
出 版 者　博雅出版股份有限公司
法律顧問　德政聯合律師事務所 賴政律師
地　　址　台北市大安區信義路四段 279 號 8 樓
電　　話　02-27030009
E-Mail　mindy@mlafund.com
總 經 銷　大和書報圖書股份有限公司 (02)8990-2588
印　　刷　群鋒印刷
出　　版　2020 年 8 月
定　　價　360 元
I S B N　978-986-99139-4-2（英文版 ISBN: 9780578106465）